中国国际减贫中心
IPRCC International Poverty Reduction Center in China

中国减贫与发展经验国际分享系列
The Sharing Series on China's Poverty Reduction
and Development Experience

中国就业扶贫

政策与实践

China's Policies and Practices:
Poverty Alleviation through Boosting Employment

中国国际减贫中心◎编著

Edited by International Poverty Reduction Center in China

中国农业出版社
北　京

《中国就业扶贫政策与实践》
编 写 组

组 长：谢玲红　接　萍

成 员：滕晨光　何香霓　赵令卓　徐丽萍　贺胜年

　　　　刘欢欢　姚　远　刘子贤　王瑞民　吕开宇

　　　　张　姝　张崇尚

◎ 总 序

消除贫困是人类梦寐以求的理想，人类发展史就是与贫困不懈斗争的历史。中国是拥有 14 亿人口、世界上最大的发展中国家，基础差、底子薄，发展不平衡，长期饱受贫困问题困扰。消除贫困、改善民生、实现共同富裕，是社会主义的本质要求，是中国共产党的重要使命。为兑现这一庄严政治承诺，100 多年来，中国共产党团结带领中国人民，以坚定不移、顽强不屈的信念和意志与贫困进行了长期艰苦卓绝的斗争。改革开放以来，中国实施了大规模、有计划、有组织的扶贫开发，着力解放和发展社会生产力，着力保障和改善民生，取得了前所未有的伟大成就。2012 年党的十八大以来，以习近平同志为核心的党中央把脱贫攻坚摆在治国理政的突出位置，习近平总书记亲自谋划、亲自挂帅、亲自督战，推动实施精准扶贫精准脱贫基本方略，动员全党全国全社会力量，打赢了人类历史上规模空前、力度最大、惠及人口最多的脱贫攻坚战。

脱贫攻坚战的全面胜利，离不开有为政府和有效市场的有机结合。八年间，以习近平同志为核心的党中央加强对脱贫攻坚的集中统一领导，发挥中国特色社会主义制度能够集中力量办大事的政治优势，把减贫摆在治国理政的突出位置，为脱贫攻坚提供了坚强政治和组织保证。广泛动员市场、社会力量积极参与，实施"万企帮万村"等行动，鼓励民营企业和社会组织、公民个人参与脱贫攻坚，促进资金、人才、技术等要素向贫困地区集聚。截至 2020 年底，现行标准下 9 899 万农村贫困人口全部脱贫，832 个贫困县全部摘帽，12.8 万个贫困村全部出列，区域性整体贫困得到解决，完成了消除绝对贫困的艰巨任务。建成了世界上规模最大的教育体系、社会保障体系、医疗卫生体系，实现了快速发展与大规模减贫同步、经济转型与消除绝对贫困同步。

一直以来，中国始终是世界减贫事业的积极倡导者、有力推动者和重要贡献者。按照世界银行国际贫困标准，改革开放以来，我国减贫人口占同期全球减贫人口 70％ 以上，占同期东亚和太平洋地区减贫人口的 80％。占世界人口近五分之一的中国全面消除绝对贫困，提前 10 年实现《联合国 2030 年可持续发展议程》减贫目标，不仅是中华民族发展史上具有里程碑意义的大事件，也是人类减贫史乃至人类发展史上的大事件，为全球减贫事业发展和人类发展进步作出了重大贡献。

中国立足自身国情，把握减贫规律，走出了一条中国特色减贫道路，形成了中国特色反贫困理论，创造了减贫治理的中国样本。坚持以人民为中心的发展思想，坚定不移走共同富裕道路，是扶贫减贫的根本动力。坚持把减贫摆在治国理政突出位置，从党的领袖到广大党员干部，目标一致、上下同心，加强顶层设计和战略规划，广泛动员各方力量积极参与，完善脱贫攻坚制度体系，保持政策连续性稳定性。坚持用发展的办法消除贫困，发展是解决包括贫困问题在内的中国所有问题的关键，是创造幸福生活最稳定的途径。坚持立足实际推进减贫进程，因时因势因地制宜，不断调整创新减贫的策略方略和政策工具，提高贫困治理效能，精准扶贫方略是打赢脱贫攻坚战的制胜法宝，开发式扶贫方针是中国特色减贫道路的鲜明特征。坚持发挥贫困群众主体作用，调动广大贫困群众积极性、主动性、创造性，激发脱贫内生动力，使贫困群众不仅成为减贫的受益者，也成为发展的贡献者。

脱贫攻坚战取得全面胜利后，中国政府设立了 5 年过渡期，着力巩固拓展脱贫攻坚成果，全面推进乡村振兴。按照党的二十大部署，在以中国式现代化全面推进中华民族伟大复兴的新征程上，中国正全面推进乡村振兴，建设宜居宜业和美乡村，向着实现人的全面发展和全体人民共同富裕的更高目标不断迈进。中国巩固拓展脱贫攻坚成果和乡村振兴的探索和实践，将继续为人类减贫和乡村发展提供新的中国经验和智慧，为推动构建没有贫困的人类命运共同体贡献中国力量。

面对国际形势新动向新特征，习近平总书记提出"一带一路"倡议、全球发展倡议等全球共同行动，将减贫作为重点合作领域，致力于推动构建没有贫困、共同发展的人类命运共同体。加强国际减贫与乡村发展经验分享，助力全球减贫与发展进程，业已成为全球广泛共识。为此，自2019年起，中国国际减贫中心与比尔及梅琳达·盖茨基金会联合实施国际合作项目，始终坚持站在未来的角度、政策的高度精心谋划项目选题，引领国内外减贫与乡村发展前沿热点和研究走向。始终坚持将中国减贫与乡村发展经验与国际接轨，通过国际话语体系阐释中国减贫与乡村振兴道路，推动中国减贫与乡村发展经验的国际化传播。至今已实施了30余个研究项目，形成了一批形式多样、影响广泛的研究成果，部分成果已在相关国际交流活动中发布。

为落实全球发展倡议，进一步促进全球减贫与乡村发展交流合作，中国国际减贫中心精心梳理研究成果，推出四个系列丛书，包括"全球减贫与发展经验分享系列""中国减贫与发展经验国际分享系列""国际乡村发展经验分享系列"和"中国乡村振兴经验分享系列"。

"全球减贫与发展经验分享系列"旨在跟踪全球减贫进展，分析全球减贫与发展趋势，总结分享各国减贫经验，为推动《联合国2030年可持续发展议程》、参与全球贫困治理提供知识产品。该系列主要包括"国际减贫年度报告""国际减贫理论与前沿问题"等全球性减贫知识产品，以及覆盖非洲、东盟、南亚、拉丁美洲及加勒比地区等区域性减贫知识产品。

"中国减贫与发展经验国际分享系列"旨在讲好中国减贫故事，向国际社会分享中国减贫经验，为广大发展中国家实现减贫与发展提供切实可行的经验。该系列聚焦中国精准扶贫、脱贫攻坚和巩固拓展脱贫攻坚成果的经验做法，基于国际视角梳理形成中国减贫经验分享的知识产品。

"国际乡村发展经验分享系列"聚焦国际乡村发展历程、政策和实践，比较中外乡村发展经验和做法，为全球乡村发展事业提供交流互鉴的知识产品。该系列主要包括"国际乡村振兴年度报告""乡村治理国际经验比较分析报告""县域城乡融合发展与乡村振兴"等研究成果。

"中国乡村振兴经验分享系列"聚焦讲好中国乡村振兴故事，及时总结乡村振兴经验、做法和典型案例，为国内外政策制定者和研究者提供参考。该系列主要围绕乡村发展、乡村规划、共同富裕等议题，梳理总结有关政策、经验和实践，基于国际视角开发编写典型案例等。

最后，感谢所有为系列图书顺利付梓付出辛勤汗水的相关项目组、出版社和编辑人员，以及关心和支持中国国际减贫中心的政府机构、高校和科研院所、社会组织和各界朋友。系列书籍得到了比尔及梅琳达·盖茨基金会的慷慨资助以及盖茨基金会北京代表处的悉心指导和帮助，在此表示衷心感谢！

全球减贫与乡村发展是动态而不断变化的，书中难免有挂一漏万之处，敬请读者指正！

刘俊文

中国国际减贫中心　主任

2024 年 1 月

◎ 前 言

就业扶贫政策作为中国扶贫政策体系的重要组成部分，随着中国减贫战略转变适时调整，并不断创新完善。尤其是党的十八大以来，面对农村贫困人口就业渠道狭窄、转移就业和增收难度大，依靠常规举措难以摆脱贫困的难题和挑战，扶贫、人社等相关部门创新思路，制定一系列就业扶贫政策，着力做好开展劳务协作、扶持发展扶贫车间、加强创业带动、强化技能培训、开发公益性岗位等就业扶贫工作，走出了中国特色就业扶贫之路。

从广义上讲，就业扶贫是指通过增加就业方式帮助贫困人口摆脱贫困。从扶贫对象和扶贫方式出发，就业扶贫可以提炼总结为针对未就业贫困劳动力、已就业贫困劳动力和贫困家庭未升学初、高中毕业生等贫困人口，通过以工代赈、开发岗位、劳务协作、技能培训、就业服务、权益维护等措施进行帮扶，目标是促进其转移就业、稳定就业以及就读技工院校毕业后实现技能就业等。从就业扶贫特点来看，其是从长远性考虑实施的一项综合性扶贫行动，属于典型的造血式扶贫手段，而且受众范围广，不仅可以通过促进农村贫困劳动力就业、提高就业质量来摆脱贫困和改善自身及贫困家庭生活条件①②，还能调动贫困人口脱贫积极性进而阻断贫困代际传递③，优化整个社会劳动力资源配置推动经济发展④。

---

① 谢玉梅，丁凤霞，2019. 基于贫困脆弱性视角下的就业扶贫影响效应研究 [J]. 上海财经大学学报，21（3）：18-32.

② 孙仲权，2019. 就业扶贫在精准扶贫中的作用分析 [J]. 人才资源开发（2）：29-30.

③ 平卫英，罗良清，张波，2020. 就业扶贫、增收效应与异质性分析：基于四川秦巴山区与藏区调研数据 [J]. 数量经济技术研究，37（7）：155-174.

④ 蔡小慎，王雪岚，王淑君，2021. 可持续生计视角下我国就业扶贫模式及接续推进乡村振兴对策 [J]. 学习与实践（5）：30-41.

　　贫困劳动力普遍文化水平低、技能缺，是就业市场中最弱势的群体之一，需要借助就业扶贫，提高就业能力和增加就业机会，实现稳定脱贫。首先，就业是最有效、最直接的脱贫方式。就业是第一民生，有了稳定的就业，就有了稳定的收入。习近平总书记强调："一人就业，全家脱贫，增加就业是最有效最直接的脱贫方式，长期坚持还可以有效解决贫困代际传递问题。"其次，就业扶贫是确保脱贫不返贫的重要手段。就业扶贫作为一种造血式扶贫手段，旨在为贫困劳动力创造更多、更好的就业机会，并通过提供专门的职业培训和技能提升计划，帮助贫困劳动力、妇女、残疾人以及其他弱势群体获得适应市场需求的技能；并根据特殊需求和能力，为其设计适应性工作岗位，帮助其克服在一般职场上可能遇到的困难，提高就业的可能性和稳定性，实现更可持续的脱贫。最后，就业扶贫有助于贫困人口分享更多发展成果。就业所带来的工资性收入是农村贫困家庭收入的主要来源，对增收的贡献最大。国家统计局数据显示，2019年全国贫困地区农村居民人均工资性收入4 082元，占可支配收入的35.29%，对收入增长贡献率为38%。国务院扶贫办数据显示，截至2020年底，外出务工已经涉及了2/3的贫困家庭，这些家庭2/3左右的收入都是来自务工。2019年贫困户户均务工收入占比达68.8%。

　　本书安排如下：第一章阐述中国就业扶贫政策发展历程和演变特征；第二章详细介绍中国就业扶贫总体思路和路径方法；第三章重点剖析就业扶贫主要措施和亮点做法；第四章全面阐述中国就业扶贫工作机制与保障措施；第五章从政策本身和政策实施两个维度系统分析中国就业扶贫取得的成效；第六章阐释中国就业扶贫实践经验及对发展中国家的启示。

◎ 目 录

◎ 第一章 中国就业扶贫政策发展历程与演变特征

一、中国就业扶贫政策发展历程

就业扶贫政策体系形成不是一蹴而就的，也不是一成不变的，需要根据经济社会发展现实和国家减贫战略转变适时调整，并在发现问题解决问题中逐渐规范、完善和创新。总体来看，中国就业扶贫政策发展可以分为以下五个阶段[①]。

（一）"统包统配"阶段

新中国成立初期，开展大规模国家建设并解决占世界四分之一人口的就业吃饭问题是摆在中国人民面前最紧迫的大事。在集中和调配包括劳动力资源在内的一切有限资源优先发展重工业的背景下，为解决各种失业人员的就业问题，中国政府创造性地提出了符合当时国情的"统包统配"就业政策，并在就业扶贫领域开始进行有益尝试。具体地，在农村，人民公社普遍成立以后，针对有一定劳动能力的"五保"[②]对象，指定生产队或者生产小组在生产上给予适当安排，使他们能够参加能力胜任的劳动，并适当照顾工分；在城市，相继通过组织以工代赈，兴办市政工程，建立城

[①] 平卫英，罗良清，张波，2021. 我国就业扶贫的现实基础、理论逻辑与实践经验［J］. 管理世界，37（7）：32－43，3.

[②] "五保"：保吃、保穿、保医、保住、保葬（孤儿为保教）。

市烈属、军属、贫民生产和教养机构生产的联合指导机构等吸纳贫困人口就业。

总体来看，该阶段就业扶贫完全由政府主导、统一筹划，国家对贫困劳动力就业进行整体安排和分配，满足了不同行业、部门的用工需求，一定程度上缓解了贫困群体生存压力，维护了社会稳定。但该阶段就业扶贫的重心是保障贫困人口生存权，并未完全摆脱救济式扶贫的影响，同时还存在着不稳定、规模小等缺点。

（二）"就地转移"阶段

改革开放初期，中国经济发展水平低，绝大部分农村处于贫困状态，尤其是十几个连片贫困地区群众的温饱问题尚未完全解决。同时，1978年家庭联产承包责任制实施将大量过剩劳动力从田间地头解放出来，乡镇企业蓬勃发展创造了大量就近就地非农就业岗位。在此背景下，充分发挥乡镇企业带动就业功能，以转移和开发贫困地区富余劳动力为目标，就业扶贫重点围绕"就地转移""就地流动"进行了有益探索。例如，1982年底国务院启动实施的"三西"（甘肃省河西地区、定西地区和宁夏回族自治区西海固地区）农业建设扶贫工程，采取以工代赈进行开发性建设，是将就业扶贫与易地扶贫搬迁、生态建设相结合的成功实践。为解决十几个连片贫困地区群众的温饱问题，1984年《中共中央、国务院关于帮助贫困地区尽快改变面貌的通知》中提出"乡镇企业、农民联办企业、家庭工厂、个体商贩的所得税是否减免以及减免的幅度和时间由县人民政府自定""鼓励"外地到贫困地区兴办开发性企业（林场、畜牧场、电站、采矿、工厂等）五年内免交所得税""可利用库存余粮组织修路劳务"等就业扶贫措施。为争取在"七五"期间解决大多数贫困地区人民的温饱问题，1987年印发《国务院关于加强贫困地区经济开发工作的通知》，该文件提出要把发达地区劳力密集、收益相对较低的产业逐步移植到贫困地区；要利用贫困地区廉价劳务的优势，继续搞好以工代赈；因地制宜，兴办乡村扶贫经济实体；安置一批贫困户就业，带动一批贫困户发展生产等就业扶贫措施。

总体来看，该阶段就业扶贫将促进贫困地区劳动力就地就近转移作为主要方向，重点开发了以工代赈、创造本地就业机会等就业扶贫渠道。实施主体由完全政府主导转变为政府主导、社会参与；并在解决贫困人口生存问题的前提下，开始注重采取职业技术培训等方式保障贫困人口发展。

（三）"东西部劳务协作"阶段

随着东部沿海发达地区城市开发及经济建设高潮的到来，创造了大量城市就业岗位，也产生了对农村劳动力的强劲需求。同时，为加快西部贫困地区扶贫开发进程，推动区域协调发展，缩小发展差距，1994 年 3 月，国务院在《国家八七扶贫攻坚计划》中首次提出"东西扶贫协作"构想，建立东部沿海地区支持西部欠发达地区的扶贫协作机制，并于 1996 年正式付诸实施，确定北京等 9 个省（直辖市）、4 个计划单列市与西部 10 个省（自治区）开展扶贫协作。在东部沿海地区强烈劳务需求推动下，结合东西部扶贫协作工作要求，东西部劳务协作成为该时期就业扶贫的重点，围绕丰富拓展人员输出、技能培训、权益保障、产业援建等内容进行了探索。例如，《中国农村扶贫开发纲要（2001—2010 年）》指出要将积极稳妥扩大贫困地区劳务输出作为重要内容和途径，并提出"加强贫困地区劳动力的职业技能培训，组织和引导劳动力健康有序流动""沿海发达地区和大中城市要按照同等优先的原则，积极吸纳贫困地区劳动力在本地区就业""贫困地区和发达地区可以就劳务输出结成对子，开展劳务协作""输入地和输出地双方政府都有责任保障输出劳动力的合法权益"等就业扶贫措施。除此之外，该时期就业扶贫政策也开始重视针对妇女、残疾人等弱势群体专门实施就业扶贫措施。

总体来看，该阶段就业扶贫渠道进一步成熟完善，就业扶贫内容和途径的实效性和针对性有较大提升，社会参与程度得到了加强，同时也更注重通过职业技能培训增强贫困地区农村富余劳动力的内生动力。

（四）"精准对接、稳定就业"就业扶贫阶段

党的十八大以来，制造业转型升级、城市化方针调整，农村贫困劳动力城市转移就业渠道狭窄、转移就业增收难度加大。但乡村振兴战略全面实施、创业创新地位更加重要、县域城镇化加快推进，为农村劳动力创造了大量就地就近就业岗位。为此，党中央及时调整就业扶贫政策，围绕外出务工和就地就近就业两大方向，聚焦精准对接、稳定就业的目标任务，制定一系列超常规就业扶贫政策，促进贫困劳动力稳定就业。2011 年《中国农村扶贫开发纲要（2011—2020 年）》提出了鼓励和帮助有劳动能力的扶贫对象通过自身努力摆脱贫困等若干举措。自此之后，中国就业扶贫重要性更加凸显，就业扶贫政策在 2016 年开始呈井喷式增长。重点聚焦以下方面：一是聚焦就业扶贫总体部署。分别在 2016 年、2017 年、2018 年、2020 年出台了《关于切实做好就业扶贫工作的指导意见》《人力资源社会保障部办公厅关于做好农村贫困劳动力就业信息平台有关工作的通知》《人力资源社会保障部 财政部关于进一步加大就业扶贫政策支持力度着力提高劳务组织化程度的通知》《人力资源社会保障部 财政部 国务院扶贫办关于进一步做好就业扶贫工作的通知》等专项指引性文件。二是聚焦扶贫劳务协作。出台《人力资源社会保障部　财政部关于进一步加大就业扶贫政策支持力度着力提高劳务组织化程度的通知》《关于深入推进扶贫劳务协作提升劳务组织化程度的通知》等文件。三是聚焦就业扶贫与其他扶贫途径有机融合。出台《关于做好易地扶贫搬迁就业帮扶工作的通知》《关于开展技能脱贫千校行动的通知》《关于开展深度贫困地区技能扶贫行动的通知》《关于进一步加强贫困家庭高校毕业生就业帮扶工作的通

知》。四是聚焦就业扶贫具体支持政策。印发《关于进一步支持和促进重点群体创业就业有关税收政策的通知》《关于进一步用好公益性岗位发挥就业保障作用的通知》等文件。五是聚焦应对新冠疫情对贫困劳动力外出务工影响。印发《关于应对新冠肺炎疫情进一步做好就业扶贫工作的通知》，提出了一系列超常规举措。

总体来看，该阶段中国基本形成了集系统性、精准性、广覆盖性为一体的就业扶贫政策体系，惠及贫困劳动力、就业服务机构、贫困地区、市场主体等对象，贯穿贫困劳动力就业创业各个渠道；开发了劳务协作、扶贫车间、创业带动、技能培训、公益性岗位等就业扶贫渠道；构建了"专项扶贫＋行业扶贫＋社会扶贫"等互为补充、"政府引导＋市场运作＋社会参与"三方协同，以及"就业扶贫＋教育扶贫/产业扶贫/易地扶贫搬迁/生态保护扶贫"的大就业扶贫格局，大幅提升了就业扶贫效果。

（五）"巩固成果、优化提升"就业帮扶阶段

中国打赢脱贫攻坚战后，农村低收入群体尤其是脱贫人口的就业质量不高、稳定性不足的问题依然突出，仍面临返贫风险。新阶段，围绕持续用好就业扶贫这个经验法宝，巩固拓展脱贫攻坚成果、推进乡村全面振兴，在"平稳过渡、扩面提质、拓展延伸、协同联动"等原则指导下，对就业扶贫政策进行了优化调整。2021年发布《关于巩固拓展脱贫成果同乡村振兴有效衔接的意见》，为新阶段就业帮扶提供了方向指引。2021年发布《关于切实加强就业帮扶巩固拓展脱贫攻坚成果助力乡村振兴的指导意见》，该文件将就业帮扶工作服务对象拓展到脱贫人口和农村低收入人口，提出健全脱贫人口、农村低收入人口就业帮扶领导体制和工作体系；完善农村低收入人口和欠发达地区就业帮扶机制；将脱贫人口、农村低收入人口就业帮扶情况纳入市县党政领导班子和领导干部乡村振兴实绩考核范围。同时，在经济下行压力加大面前，脱贫人口、农村低收入群体就业

稳定性不足，甚至面临失业的重大风险，2022 年、2023 年相继印发《关于做好 2022 年脱贫人口稳岗就业工作的通知》《关于开展防止返贫就业攻坚行动的通知》，聚焦全力稳定脱贫人口务工规模和务工收入、坚决守住不发生因失业导致规模性返贫的底线的目标任务，提出了减负稳岗扩就业等各项支持政策。

总体来说，该阶段就业帮扶政策继续坚持以人民为中心的发展思想，把就业帮扶纳入推动全面乡村振兴、实现共同富裕的大格局，以提升低收入人口或相对贫困人口自我发展能力为核心，以创新完善实施举措、载体模式、体制机制为手段，推动就业帮扶从超常规举措向常态化帮扶转变、阶段性攻坚向可持续发展转变，不断扩大了脱贫劳动力就业规模，实现了脱贫劳动力稳定就业。

二、中国就业扶贫政策发展演变特征

纵观中国就业扶贫发展历程，不同阶段就业扶贫政策在发展目标、内容途径、实施主体等方面有所不同（表 1-1）。总体来看，中国就业扶贫政策发展演变呈现出如下典型特征。

表 1-1 不同阶段就业扶贫政策比较

发展阶段	扶贫重点	方式及渠道	实施主体
"统包统配"阶段	聚焦保障贫困人口生存权	主要还是救济式扶贫方式	完全由政府主导
"就地转移"阶段	就地转移和开发贫困地区富余劳动力，并开始注重保障贫困人口发展权	以工代赈、创造本地就业机会、开展职业技术培训	政府主导、社会参与
"东西部劳务协作"阶段	除农村贫困群体外，开始重视针对妇女、残疾人等弱势群体的就业帮扶	重点实施劳务协作、保障输出劳动力合法权益、注重职业技能培训	政府主导、社会参与

（续）

发展阶段	扶贫重点	方式及渠道	实施主体
"精准对接、稳定就业"就业扶贫阶段	围绕外出务工和就地就近就业两大方向，以促进精准对接、稳定就业为目标任务	开发劳务协作、扶贫车间、创业带动、技能培训、公益性岗位等扶贫渠道，形成"专项扶贫＋行业扶贫＋社会扶贫""就业扶贫＋教育扶贫/产业扶贫/易地扶贫搬迁/生态保护扶贫"大就业扶贫格局	政府部门、事业单位、国有企业和私营企业、慈善机构
"巩固成果、优化提升"就业帮扶阶段	聚焦全力稳定脱贫人口务工规模和务工收入，坚决守住不发生因失业导致规模性返贫的底线	劳务输出、实施防止返贫监测、成立工作小组	政府主导、全社会广泛参与

（一）扶贫方式由偏重"输血"到注重"造血"转变

早期就业扶贫政策以提供直接帮助、资金投入等救济式扶贫方式为主，缺乏可持续性。后期就业扶贫更多应用可持续发展方式，通过提高就业竞争力、培育产业、激发内生动力等促进贫困地区和贫困人口自我发展。将就业培训与提供就业机会放在同等重要地位，针对劳动能力低导致的就业困难而无法脱贫的贫困人口，通过开展技能培训提升劳动能力、促进正规就业、减少工作不稳定，有效减少贫困发生。通过以工代赈建设贫困地区基础设施，既为贫困人口提供了就业岗位，又有效提升了贫困地区通路、通水、通电、通网络等基础设施水平，增强了贫困地区发展能力。鼓励贫困地区发展适宜产业，为贫困人口提供更多就业增收机会，激发贫困地区"造血"能力。此外，通过促进灵活就业以及建立社会保障体系，保障脱贫人口在长期就业过程中享有全面的社会福利。

（二）扶贫路径从"大水漫灌"向"精准滴灌"转变

精准扶贫方略之前的就业扶贫难以有效瞄准扶贫对象，同时普遍存在着就业扶贫难以深入乡村、无法对贫困劳动力提供精准服务等问题，导致部分贫困人口难以受益。自 2013 年习近平总书记首次提出了精准扶贫这一理念以来，就业扶贫贯彻落实精准扶贫要求，聚焦精准摸底、精准培训、精准对接、精准施策，构建形成了精准化的就业扶贫机制。建立农村贫困劳动力就业信息平台，实现就业扶贫对象精准识别；建设就业驿站，打通了就业扶贫"最后一公里"，让贫困劳动力不出乡镇、村就能享受精准就业扶贫服务；打造劳务实训基地，坚持"缺什么补什么"原则，开展"点餐式"技能培训，并通过建立健全技能帮扶培训档案，实现精准培训；出台扶贫车间吸纳、返乡创业带动、有组织劳务输出、公益性岗位安置等专项政策支持，做到精准施策。

（三）实施主体从政府主导到多方协同推进转变

早期就业扶贫工作由政府主导，随着就业扶贫工作深入开展和贫困劳动力实现就业、稳定就业任务的日益艰巨，政府单线作战弊端显现，政府有限的扶贫力量与贫困户扶贫巨大的需求之间形成矛盾。为此，在就业扶贫过程中，开始着重引导各类社会主体参与。尤其是党的十八大以来，广泛动员全党全国各族人民以及社会各方面力量形成就业扶贫强大合力，营造以政府部门为引导，国有企业、私营企业、慈善机构及各类社会组织等多元主体共同协作推动的良好氛围。

◎ 第二章 中国就业扶贫工作总体思路和路径方法

中国是世界上最大的发展中国家，也是农业人口占比较高的人口大国。长期以来形成的城乡二元结构体制和薄弱的农村经济社会基础，造成了农村贫困人口多、分布广的基本格局。农村人口贫困的根源在于农村劳动力供给相对于农业部门劳动力需求过剩，农业部门无法解决众多农村人口实现收入快速增长的基本要求，促进贫困劳动力转移是最直接最有效的脱贫方式。但农村贫困人口人力资本水平低、竞争能力弱、转移就业难度大。为破解这一困局，中国遵循科学指引，深入探索实践，形成了具有中国特色的就业扶贫总体思路、实现路径和工作方法。

一、思路谋划：就业扶贫总体思路和基本原则

（一）总体思路

在精准扶贫精准脱贫基本方略下，坚持因地制宜和分类施策，以"三区三州"① 等深度贫困地区、国家级贫困县、易地扶贫搬迁安置区等为重点，以实现精准对接、促进稳定就业为目标，聚焦帮助有就业意愿的未

---

① "三区三州"的"三区"是指西藏自治区和青海、四川、甘肃、云南四省藏区及南疆的和田地区、阿克苏地区、喀什地区、克孜勒苏柯尔克孜自治州四地区；"三州"是指四川凉山州、云南怒江州、甘肃临夏州。"三区三州"是国家层面的深度贫困地区，是国家全面建成小康社会最难啃的"硬骨头"。

就业贫困人员转移就业、帮助已就业的贫困人员稳定就业、帮助贫困家庭未升学初、高中毕业生就读技工院校毕业后技能就业等重点任务，以完善落实开发岗位、劳务协作、技能培训、就业服务、权益维护等就业扶贫政策措施为抓手，进一步加大力度、精准施策，不断扩大贫困劳动力就业规模，增强贫困人口内生发展动力，推动贫困劳动力稳定就业，确保零就业贫困户至少一人实现就业，为打赢脱贫攻坚战提供强大助力。

（二）基本原则

坚持政府推动与市场主导相结合。就业扶贫工作是重要的民生工作，充分强化政府主体责任，建立职责明确、措施有效、保障有力的目标责任机制，发挥政府资金和政策支持的引导推动作用，搭建平台、畅通渠道、搞好服务。同时，充分发挥市场在资源配置中的决定性作用，更加注重运用市场手段，尊重企业用工自主权和劳动者就业意愿。

坚持精准帮扶就业与激发内生动力相结合。立足贫困劳动力实际，构筑精准化就业帮扶机制，聚焦精准摸底、精准培训、精准对接、精准施策发力，精准帮扶劳动力就业增收。同时，把促进就业与扶志、扶智相结合，调动贫困劳动力通过劳动实现脱贫的积极性、主动性。

坚持扩大就业总量和提升就业质量相结合。按照把提高脱贫质量放在首位的要求，在尽最大努力扩大贫困劳动力就业规模的同时，强化全方位就业服务、职业培训和权益保障，帮助贫困劳动力逐步实现更高质量的就业。

坚持阶段性攻坚与建立长效机制相结合。聚焦重点地区、重点人群，集中力量全力攻坚，确保如期完成就业扶贫目标任务。同时，着眼长远、科学谋划，不断总结经验，完善实施办法，建立帮扶贫困劳动力就业的长效机制，夯实稳定脱贫基础。

二、落地实施：就业扶贫工作路径

（一）着力"三个精准"，提升就业扶贫有效性

构筑精准化就业帮扶机制，聚焦精准摸底、精准培训、精准对接、精准施策发力。一是着力精准摸底，完善脱贫劳动力就业信息供需台账。摸清贫困户、易地搬迁户等的转移就业、技能培训、就业意愿等情况，做到家庭人口清、就业愿望清、培训目的清、就业情况清、技能状况清"五清"；摸清企业、农民专业合作社、种植养殖大户等用工主体供给岗位情况及其对劳动力的要求，并推行动态管理，为岗位推荐匹配劳动力提供可靠依据。二是着力精准对接，促进贫困劳动力有序转移就业。完善东西部劳务协作机制，创新劳务协作模式，强化劳务协作作用；引进、培育一批劳务中介机构，强化经纪人队伍建设，搭建政府、企业、劳动力"三方"平台，组织有条件的贫困劳动力外出务工。三是着力精准施策，防范就业稳定性风险。采取分层分类就业帮扶措施，为机会贫困人群创造参与有效经济活动的机会，为能力贫困人群提供有针对性的技能培训，为公共就业服务贫困人群提供职业介绍等服务，并增强文化贫困劳动力的内生发展动力。

（二）开发"五条渠道"，护航就业稳定脱贫路

就业扶贫围绕外出务工和就地就近就业两大方向，在拓宽就业渠道上下功夫，重点开发夯实了以下五条就业渠道。一是促进产业发展扩大就业。积极发展适合当地资源禀赋、创造较多就业岗位的产业；强化配套培训服务，及时为产业创造的就业岗位匹配合适贫困劳动力；落实扶持政策，鼓励企业吸纳贫困劳动力就业。二是发展多形式就业帮扶载体吸纳就业。包括乡村工业就业扶贫车间、订单式农业就业扶贫基地、非正规就业

组织、小微企业园、"扶贫工程队"、扶贫超市、扶贫农庄、家庭手工作坊等。三是支持创业带动就业。支持引导农民工、大学生、退役军人及创富带头人等在贫困地区创业，支持贫困地区建设返乡创业园区和创业孵化基地，提供有针对性的创业培训、开发指导、创业孵化、跟踪帮扶等"一条龙"服务，为创业者提供场地支持和综合配套服务。四是公益性岗位安置就业。面向就业难度大、家庭负担重、无法外出就业且有就地就近就业需要的贫困人口，开发更多就业扶贫专岗，完善就业扶贫公益性岗位设置和管理，提供资金保障。五是劳务输出转移就业。健全服务站等机构，增强招聘会等就业服务的精准度，积极发展对口协作，支持中西部地区开发本地岗位，提升公共就业创业服务水平，提高输出就业成功率和稳定性。

（三）强化"四大措施"，保障就业扶贫成效

在创新和完善政策扶持、服务推进、培训支撑、权益维护四大举措上下功夫，夯实就业扶贫成效。一是强化广覆盖政策扶持。推动现行的积极就业政策向就业扶贫工作倾斜，延伸到贫困地区和贫困劳动力。针对建档立卡贫困人口、贫困家庭子女和学生、企业、农民专业合作社、扶贫车间等经营主体，以及公共就业服务机构、人力资源服务机构、劳务经纪人等市场主体，出台相应的就业扶贫专项扶持政策（表2-1）。二是强化精细化就业服务。加强职业指导、职业介绍，组织专业化团队和力量，开展面向贫困劳动力的职业测评。开展各类招聘服务活动，全力搭建贫困劳动力与用人单位对接的桥梁。充分应用"互联网＋就业服务"等新技术，开展新媒体信息推送、远程招聘、远程培训等，提升就业扶贫服务的高效便捷性。三是强化针对性技能培训。开展技能脱贫攻坚行动，分类开展劳动预备制培训、就业技能培训和岗位技能培训。开发符合贫困地区、贫困人口特点的培训课程，开展订单式、定向式培训和校企合作培训。组织开展技

能脱贫千校行动，力争使每个贫困家庭中有就读意愿的"两后生"① 都能免费接受技工教育。四是强化全流程权益维护。将权益维护贯穿贫困劳动力求职就业创业全流程，加强劳动力保障法律法规实施，加强企业用工指导，维护贫困劳动力在劳动合同签订、社会保险缴纳、工资领取等方面的合法权益。

表 2-1　就业扶贫中不同主体的主要扶持政策

主体类型	主要政策
建档立卡贫困人口	鼓励有组织劳务输出的一次性求职创业补贴、可申请创业担保贷款从事自主创业、给予从事个体经营税费减免等
贫困家庭子女和学生	对取得职业资格证书的给予职业培训补贴、对就读技工院校免学费的发放助学金、对毕业年度有就业创业意愿的高校毕业生给予一次性求职创业补贴等
企业、农民专业合作社、扶贫车间等经营主体	对企业吸纳贫困劳动力开展以工代训的，给予不超过6个月职业培训补贴；对企业吸纳贫困劳动力较多的可给予一次性奖补，对就业困难人员给予社会保险补贴、税费减免
创业孵化基地	对创业孵化基地，入驻实地多、孵化效果好的贫困县孵化基地，可提高奖补标准
公共就业服务机构和人力资源服务机构、劳务经纪人等市场主体	为贫困劳动力提供服务的，给予就业创业服务补助

（四）促进"三方联动"，激活就业扶贫活力

构建政府、市场和社会力量有机结合的新机制，形成三方协同推进就业扶贫良好局面。一是政府创造条件引导社会力量参与就业扶贫。政府聚焦搭平台、建机制、优政策，推动社会组织资源供给和扶贫需求实现有效对接，建立健全政府向社会组织购买就业扶贫服务的制度，细化落实社会组织参与就业扶贫济困活动的税收减免、信贷支持、行政事业性费用减免

---

① "两后生"通常指的是初、高中毕业生未能继续升学的贫困家庭中的富余劳动力。

等政策。二是构建就业扶贫的政府跨部门协同长效机制。以凝聚多元主体协同为共识，包括东西部省际政府间和本地政府部门间协同。对口省份之间构建常态化的跨区域就业帮扶格局，协调共商跨区域劳务输出政策；本地各政府部门建立就业帮扶责任清单、任务清单、服务清单，以职责清晰的制度规范保障部门间职能优势互补。三是创新外部协同的多元主体参与方式，充分发挥市场主体作用。岗位开发、供需信息精准对接要更多发挥企业、社会组织、中介机构、行业协会的作用，使其聚焦政府与企业的核心需求，形成中长期协作伙伴关系。

（五）推动"四大融合"，深化"大就业扶贫"格局

促进就业扶贫与产业、教育、生态等专项扶贫深度结合，实现就业扶贫由点到面、由面到立体式的提升。一是深化"产业扶贫＋就业扶贫"，提升就业扶贫稳定性。科学规划贫困地区工业产业布局，推动将纺织服装、简单机械加工、商品印刷、包装制品、生活日用品生产、农副产品加工等劳动密度较大、惠农富农强的产业转移到乡村，并制定与带动贫困人口就业挂钩的企业优惠及补贴政策；探索产业扶贫车间发展模式"升级版"，推动向"就业帮扶车间""乡村振兴就业工厂"转型升级。二是深化"教育扶贫＋就业扶贫"，确保就业扶贫发展性。升级续写好"雨露计划＋"就业文章，全力解决好脱贫家庭新成长劳动力"就业问题"，将帮扶对象扩展到脱贫家庭和防止返贫监测对象家庭，将支持范围扩展到就业帮扶环节，实现从教育培训到促进就业的全链条、一体式帮扶。三是深化"易地扶贫搬迁＋就业扶贫"，保障就业扶贫可持续性。安置区实施的政府投资建设项目、以工代赈项目、社会管理和供给服务项目，优先为吸纳搬迁群众就业安排一定数量的岗位；在安置区开辟专门区域，支持返乡创业、个体经营、摆摊设点；实施万人以上大型集中安置区就业帮扶专项行动，加大对吸纳易地搬迁户就业的企业政策扶持。四是深化"生态扶贫＋

就业扶贫"，实现就业扶贫多赢性。推广扶贫攻坚造林（种草）专业合作社脱贫、村民自建等模式，采取以工代赈等方式，组织贫困人口参与生态工程建设；支持在贫困县设立生态管护员工作岗位，让能胜任岗位要求的贫困人口参加生态管护工作。

◎ 第三章　中国就业扶贫主要措施和亮点做法

在中国就业扶贫实践中，主要形成了劳务协作、创业带动、扶贫车间吸纳、扶贫公益性岗位安置和技能培训五大措施①，有效解决了贫困群体"能外出就业""能有人带着就业""能就近就业""能有机会就业""能有能力就业"等问题。

一、如何解决"能外出就业"的问题——开展劳务协作

外出就业是就业扶贫的重要形式，但传统外出就业以个体单打独斗为主，组织化、品牌化、规模化程度偏低，存在劳动力输出不确定性大、可持续性不强、保障不充分等问题，不少贫困劳动力想出去务工却"出不去、留不下、稳不了"。这就需要劳务输出地和劳务输入地有针对性地开展劳务协作，建立双方劳务协作长效机制，以帮助贫困劳动力能"走得出、有的干、干得好"。据国务院扶贫办数据，2020 年跨省务工贫困劳动力比 2016 年增加了 400 多万人，已经达到了 2 973 万人，其中跨省务工超过了 1 000 万人，有效展示了劳务协作在就业扶贫中的重要贡献。

（一）劳务协作是什么

劳务协作是在各级政府和行业部门有序引导、大力支持下，以贫困或

---

① 蔡小慎，王雪岚，王淑君，2021. 可持续生计视角下我国就业扶贫模式及接续推进乡村振兴对策 [J]. 学习与实践（5）：30 - 41.

低收入群体有组织化、规模化、精准化的劳务输出为目标，以东西部扶贫协作机制、对口支援机制、省内结对帮扶机制等为依托，通过建立区域间劳务协作联盟、互设服务站、共建劳务合作基地等多种形式，吸纳西部协作省份劳动力就业，帮助西部协作省份提升就业服务能力，确保有就业意愿的贫困劳动力顺利就业。

　　劳务协作具有市场性、政府性和群众性等多重特征。市场主导是劳务协作开展的前提，主要还是依靠市场机制吸纳劳动力就业；政府支持和引导是保障，需要政府加强引导，围绕搭平台、促联动、优服务、造氛围等方面重点发力；群众参与是核心，特别是贫困群众要有外出务工或者就近就业的意愿和能力。劳务协作具有很强的可推广性和可复制性。适用的区域范围较广，在大部分贫困地区都能适用，尤其是适合由于缺乏就业机会，导致劳动力闲置的地区开展。但也要求有经济基础较好且对一般性的劳动力需求较大的地区与之协作，才能实现两者在劳动力数量、结构、质量上供需互补。同时，劳务协作大部分为劳动力输出性的异地就业，虽然适用于有劳动能力且愿意外出的贫困劳动力，但短期上也会有一些语言、文化、自身素质和劳动技能等限制因素。

　　在实践中，中国已经初步形成了"东西部劳务协作、省内劳务协作和专项劳务协作"的劳务协作体系（图3-1）。

　　第一，东西部劳务协作。主要是指东部地区采取积极措施吸纳西部协作省份劳动力就业、帮助提升就业服务能力、协助开发就地就近就业岗位。东西部劳务协作在实践中形成了信息协作、订单协作、产业协作和职教协作四种类型。信息协作型是西部地区将本地区建档立卡贫困人口就业失业信息与东部发达地区劳务服务站的就业需求信息相匹配；订单协作型是东部省份提供岗位需求信息，中西部省份按照需求开展订单式培训，组织劳务输出；产业协作型是西部地区通过引进或培育能够提供更多就业岗位的劳动密集型产业及企业，促进贫困人口在家乡就地就近就业；职教协作型

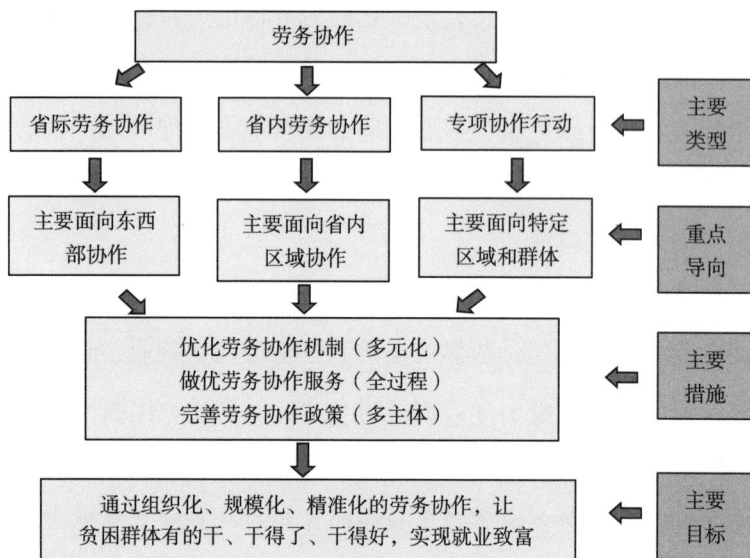

图 3-1　劳务协作框架

是依托于职业教育东西协作行动计划和技能脱贫千校行动，积极组织引导贫困家庭子女到东部省份的职业院校、技工学校接受职业教育和职业培训。

第二，省内劳务协作。主要是通过省内经济发达地区和贫困县"点对点"帮扶协作，解决省内部分地区用工短缺以及富余劳动力就业难等情况。例如，湖南省组织省内长株潭地区与湘西等欠发达地区开展劳务协作。虽然省级劳务协作和省内劳务协作在就业区域和就业驱动机制上有所差异，但两者的作用和效果趋同。

第三，专项劳务协作。主要是针对特定区域或特定群体而采取的劳务协作，这是对省际、省内劳务协作的重要补充。例如，为降低新冠疫情对湖北省影响，人力资源和社会保障部、国务院扶贫办等部门集中帮扶湖北贫困劳动力外出务工，部署实施"6＋1"劳务协作行动，在 2020 年从 4 月中旬至 6 月底，组织上海、江苏、浙江、福建、山东、广东六省（直辖市）与湖北省开展定向劳务对接。针对 52 个未摘帽县和易地扶贫搬迁万人安置区的贫困劳动力和农民工，人力资源和社会保障部启动数字平台经济促就业的脱贫行动，阿里巴巴、京东等大企业与特定地区开展了定向招聘、居家就业、创业带动、爱心助农四大协作计划。

（二）劳务协作怎么做

1. 完善常态化劳务协作工作机制

建立就业供需信息共享和发布机制。通过搭建完善的用工信息对接平台，精准摸排贫困劳动力基础信息，广泛搜集适合贫困劳动力的岗位信息，匹配贫困劳动力求职、企业用工需求"两张清单"，实现协作双方劳务供需信息跨区域精准对接。

健全有组织劳务服务机制。建立健全劳务协作输入地和输出地的劳务协作服务机制，将贫困人口、农村低收入人口作为优先保障对象，组建一批省际、市际、县际区域劳务协作联盟，鼓励人力资源服务机构、农村劳务经纪人等市场主体常态化开展有组织的劳务输出，并为贫困人口提供更多就业和培训机会。

打造特色劳务品牌促就业机制。劳务品牌是有着鲜明地域标记、过硬技能特征和良好用户口碑的劳务标识，通过劳务品牌打造，能够更好释放品牌效应，扩大劳务输出数量，提高劳务输出质量，保障劳务输出权益。例如，已经形成粤菜师傅、山西"吕梁山护工"、剑川木雕工匠、正安工匠、青海化隆拉面师等具有一定知名度的劳务品牌。

2. 做优劳务协作全流程服务

做好劳务协作前端的动员与技能培训工作。村干部、劳务协作就业致富人员进村入户宣传就业扶贫劳务输出补贴政策、稳岗就业补助政策、外出务工用工信息等劳务协作政策以及周边群众致富典型，激发贫困地区和贫困群众脱贫致富的内在动力、增强就业意愿，并给予针对性技能培训，增强就业能力。

做好劳务协作过程中的多元化服务。实施劳务输出"点对点、一站式"直达运输，通过包车、包列、包机以及发动企业采用"小分队""志愿者行动"等开展"点对点"贴心输送方式接回省内外返岗员工；依托政府购买服务方式建立的劳务协作工作站、劳务协作联盟、互设服务站、劳务合作基地等开展岗位收集与推送。例如，贵州省松桃县深化与广东省东莞市虎门、麻涌、中塘、沙田镇等劳务协作，贵州省松桃县在虎门镇建立劳务联络站1个，派驻驻站人员1名，挂牌建立了劳务输出基地2个，为在粤务工松桃儿女提供暖心服务。

做好劳务协作后端的合法权益保障。为劳务协作务工群众提供工资支付、劳动合同、社会保险、工伤赔偿等法律法规宣传和维权指导服务。例如，贵州省黎平县与广东省佛山禅城区签订劳务协作稳岗就业协议和法律援助服务协议，成立"禅城—黎平法律援助协作中心"，为务工人员提供维权服务，保障黎平籍在禅城区务工人员的合法权益。

3. 面向用人单位、服务主体和贫困劳动力，出台一揽子支持政策

对开展劳务协作的公共人力资源服务机构，给予就业创业服务补助。四川省对经营性人力资源服务机构、劳务经纪人组织脱贫人口到企业就业，并协助签订1年以上劳动合同、参加社会保险的，按300元/人的标准给予就业创业服务补助。

对吸纳贫困劳动力就业的企业，给予资金奖补、定额税收减免、创业担保贷款及贴息、吸纳就业补贴和社保补贴等。例如，福建省福州市对企业招用甘肃省定西地区员工稳定就业超过50人的，予以10万元一次性奖励。超过50人后，每增加招用50人，增加一次性奖励10万元。

对有组织外出就业一段时间以上的劳动力群体发放就业创业补贴、发放交通补助。例如，云南省对外出务工且稳定就业3个月以上的脱贫人口，按照跨省务工每人不超过1 000元的标准给予一次性外出务工交通补助（每年享受1次）。

在明晰劳务协作的主要做法的基础上，可结合其有关政策概述，更清

晰理解劳务协作政策工具（表3-1）。

表3-1　劳务协作有关政策重要内容概述

项目	主要内容
落实输出地主体责任	（一）全面摸清底数。输出地要深入摸底调查，对有劳动能力和转移就业意愿的人员建立实名台账，详细了解他们的技能水平、培训需求、岗位要求、意向输出地，形成"就业需求清单"。乡（镇）要建立专人联系服务机制，负责贫困劳动力的信息收集，统一发送给对口输入地。 （二）加大培训力度。输出地要针对贫困劳动力的培训意愿，每年至少提供1次职业技能培训。对从未外出就业的，要开展职业指导，宣传积极就业理念和就业文化，激发他们外出就业的动力。对有转移就业意愿的，要提供职业技能培训，确保他们掌握1～2门技能。有条件的地区可组织贫困劳动力到输入地企业参观实习，帮助他们了解城市生活和工作方式，提高外出就业的适应能力。 （三）突出岗位推荐。输出地要加强与输入地精准对接，根据输入地"岗位供给清单"进行精准匹配。要充分利用基层服务平台、就业大篷车等传统手段和短信、网站、微博、微信等新兴渠道，为贫困劳动力精准推送就业岗位，确保每一位有转移就业意向的贫困劳动力至少获得3个有针对性的岗位信息。输出地要与输入地共同办好各种招聘活动，组织贫困劳动力积极参加，并协调好场地、设备等，做好招聘服务工作。 （四）开展有组织输出。输出地要安排专人带队将达成转移就业意向的贫困劳动力送到输入地。输出地可在外出劳动力较多的地区建立劳务工作站，密切联络输入地，持续做好跟踪服务。有条件的地方可鼓励人力资源服务机构、劳务经纪人等市场主体参与劳务输出工作，对开展贫困劳动力有组织劳务输出的，给予就业创业服务补助。 （五）增强品牌引领。输出地要宣传、推介一批有特色、有口碑、有规模的劳务品牌，发挥典型引路作用，借助品牌效应带动有组织劳务输出数量，提高劳务输出含金量和附加值。有条件的地区可借鉴其他地区的经验做法，结合实际，发展本地劳务品牌，带动更多人实现转移就业。

资料来源：《人力资源社会保障部办公厅 关于深入推进扶贫劳务协作提升劳务组织化程度的通知》。

（三）劳务协作需要注意什么

　　劳务协作并非简单的区域和主体间的劳务合作，在开展劳务协作中要克服如下难题：一是要克服四怕难题，让贫困群体和妇女群体有从农村走出去的勇气和信心。"四怕"难题（即怕上当受骗、怕影响家庭、怕劳资不保、怕误入传销组织）和"五关"（即自身观念关、丈夫面子关、儿女理解关、村干部思想关、村民舆论关）卡口是限制农村妇女群体劳务输出的主要因素，再加上一些深度贫困地区、民族地区（如新疆、云南、广西）的贫困户仍然存在由于语言差异、文化习俗差异、现代生活差异等因素，不敢到发达地区去的现象，这些农村传统因素或地区所带来的困境难以短时间消除。要消除这种困境不仅需要积极宣传动员，转变妇女群体和贫困群体落后观念，还需要加强就业技能培训、练就过硬本领，切忌盲目快速上马推进。二是要克服机制困境，强化劳务协作协同推进的体制机制。建立劳务输入和输出双方的合作关系是实现劳务协作的重要基础，除市场机制驱动外，政府因素也极为关键。中国大部分省际的劳务协作是建立在东西部协作框架下的，这是中国政府主导推动的。因此，在借鉴经验和措施时，特别要结合自身的制度优势，支持经济发达地区和贫困地区建立较为稳定的协作机制。

（四）劳务协作典型案例

案例 3 - 1：

"吕梁山护工"成为响当当的"就业名片"[①]

山西省吕梁市曾是山西脱贫攻坚战的主战场，曾是全国 14 个集中连片特困地区之一，大量贫困农村劳动力处于闲散状态。通过打造"吕梁山护工"劳务品牌，有效解决了贫困劳动力的就业增收难题。截至 2020 年，在北京、内蒙古、山东等 11 个省份 22 个城市的家政业，活跃着 3.8 万多名"吕梁山护工"。

"走出来"。 2015 年，吕梁启动护工培训就业项目，选定山西医科大学汾阳学院、吕梁卫校等 11 所学校作为定点培训机构，将养老陪护、病患陪护、月嫂育儿嫂、家居保洁等专业作为培训重点，对参加培训的群众实现"三包五免"（包吃包住包就业，免学费、免资料费、免服装

---

① 案例来源：央广网，吕梁山护工"：口袋、精神双富足 奔赴美好生活，案例改编 https：//www.cnr.cn/sx/cxfy/20221028/t20221028 _ 526044803. shtml。

费、免体检费，免费上保险）政策。印发《吕梁山护工宣传手册》《护工系列故事》等宣传资料，组织包村干部、第一书记、下乡工作队各支力量，进村入户，蹲点宣传，动员和激励更多群众打消顾虑，勇敢走出大山。

"留得住"。精准分析研判各定点培训学校专业教学优势，分别委托有各自专业优势的定点学校培训，着力打造"一校一专业、一校一特色、一校一亮点"。发布《吕梁山护工培训导则》等系列地方标准，对范围、规范性引用文件、术语和定义、总则、培训目标与任务、培训机构、培训实施、培训考核、评价与改进9个部分内容提出具体要求、实施流程和评价考核。出台《吕梁山护工技能培训提升工程行动计划》等16个实施方案，通过开展标准化培训，主动对接市场，推动行业发展提质升级。

"走得远"。坚持政府推动、市场导向、企业运作的运行体系，积极推进劳务协作机制，开拓京津冀、长三角、珠三角地区以及日本海外市场，与国内330家家政公司建立长期稳定友好合作关系。完善激励机制，优化补贴政策、激励政策、跟踪服务政策体系，探索员工制管理，及时出台了促进"吕梁山护工"就业奖补办法、"吕梁山护工"外出就业车船费补贴政策，并通过"政府买单"的办法，为外出就业"吕梁山护工"购买家政服务人身意外伤害保险，有效解决外出就业护工后顾之忧。

二、如何解决"能有人带着就业"的问题——加强创业带动

在就业扶贫中，创业带动是一种重要的策略，可以放大创业的乘数效

应，增加贫困地区就业岗位数量，激发贫困地区的内在活力和发展潜力，让本来难以获得就业岗位的贫困劳动力实现就业，并且共享发展利益。实践证明，中国创业带动就业成效显著，人力资源和社会保障部数据显示，截至 2020 年 10 月底，通过鼓励返乡创业带动就业，培育致富带头人 41 万多人，带动了 406 万贫困人口增收。

（一）创业带动是什么

创业带动是通过政府多项措施支持农村种养大户、退伍军人、返乡农民工、自主创业大学生以及少部分妇女和贫困户在贫困地区办新企业、开发新产品、开拓新市场、培育新业态，增加贫困地区就业岗位，来带动更多贫困群体就业脱贫。

创业带动具有一定的门槛，并非对所有贫困群体和贫困区域都适用。在群体上，需要创业者本身具有较高的政治素质、较敏锐的市场意识、较强的带动群众致富能力。在区域上，应具备一定的创业基础和潜力，比如当地有一定的自然资源、特色产品或传统手工艺，或者有适宜发展特定产业的区位优势。在政策支撑上，需要政府营造良好的创业氛围、给予创业支持，比如创业培训、金融服务、市场对接等。在利益联结上，需要构建带动贫困群体就业有效机制，通过支持能人牵头成立合作社、建立种植基地，优先雇用贫困群众在基地务工。

（二）创业带动怎么做

1. 创新创业扶贫载体和模式

打造多元化创业带动载体。积极支持贫困劳动力创业、农民工和大学生等人员返乡创业，建立省市县各级农民工返乡创业示范基地、创业孵化基地、扶贫产业园等载体，完善创业平台服务功能，支持互联网公司、电商平台、人力资源服务公司等生产服务类企业参与返乡入乡创业园建设，加快创业主体与融资、市场、信息等主体沟通对接。例如，河南省南乐县依托学生创业园、汇丰建材创业孵化园等 5 个园区平台，创新实施"大学生返乡创业"示范工程，累计带动 8 100 余人创业，6.5 万余人就业。

创新多形式创业带动模式。鼓励和支持各地区在创业带动新模式、新业态上，强化创新探索，深挖潜力，持续释放创业带动效应。例如，截至2021 年山东省设立 2 000 多家"创业扶贫工坊"，采用"1 个家庭创业项目＋1 笔创业扶贫贷款＋1 所创业服务机构"的模式，挖掘贫困人口创业潜力，带动万余名贫困劳动力实现创业就业脱贫。

2. 培育创业主体，优化创业带动环境

推介指导创业项目。广泛征集投资少、见效快、市场前景好的创业项目，推介提供给有创业愿望的贫困劳动力、妇女等群体，并建立由企业家、创业成功人士、专家学者和政府工作人员组成的创业导师服务队伍，对有创业愿望的贫困劳动力开展"一对一"的就业指导服务，助力贫困户、妇女、退伍军人、大学生等群体返乡下乡创业。

实施创业带动专项行动。以创业型试点县、示范乡镇和示范社区等创建活动为载体，积极开展创业支持行动。例如，河南省鲁山县紧抓全国第三批结合新型城镇化开展支持农民工等人员返乡创业试点县建设机遇，积极开展创业支持行动，引得群凤还巢来，返乡创业带动群众增收致富。截至 2021 年，鲁山县累计返乡创业人员 2.8 万人，开办返乡创业企业 2.8 万家，带动就业 28.1 万人。

培塑宣传创业典型。充分发挥示范带动作用，通过举办大赛、展示交流、称号认定等活动，大力宣传推进返乡入乡创业的政策措施、经验做法和创业典型人物，评选创业示范先进个人、先进集体等，大力弘扬创业带动文化，营造"创业带贫、创业脱贫"浓厚氛围。例如，在 2019 年第二届全国就业创业服务展示交流活动中，专设创业就业扶贫展区，展示各地就业扶贫典型案例和经验做法。

3. 出台创业扶持政策，强化资金支持

强化创业扶贫政策支持。人社部门等积极出台一系列创业培训补贴、税费减免、一次性创业补贴、场地安排或场租补贴等帮扶政策，为贫困户等重点群体创业带动提供资金支持。例如，《人力资源社会保障部 财政部关于进一步加大就业扶贫政策支持力度着力提高劳务组织化程度的通知》明确提出，对首次创办小微企业或从事个体经营，且所创办企业或个体工商户自工商登记注册之日起正常运营 6 个月以上的贫困劳动力和农民工等返乡下乡创业人员，可给予一次性创业补贴。

强化创业融资政策支持。推出创业担保贷款，开展创业担保贷款精准扶贫活动，建立返乡创业风险基金，搭建融资对接和信用信息共享平台，组建农村资金互助社等新型金融机构，采取社员信用担保等方式给予创业贷。例如，云南省积极引导扶持贫困县贫困人口和返乡农民工创业就业，自 2016 年起每年将从省级就业创业资金中单独安排 5 千万元资金预算用于全省贫困县的创业担保贷款贴息，撬动金融资本支持重点群体创业。

在明晰创业带动的主要做法的基础上，可结合其有关政策概述，更清晰理解创业带动政策工具（表 3 - 2）。

表 3 - 2　创业带动政策重要内容概述

项目	主要内容
鼓励返乡下乡创业带动就业	积极推进贫困县返乡创业园建设，加大创业扶持政策、创业服务支持力度，引导各类人员到贫困县创业，带动贫困劳动力就业。通过承接产业转移、发展农村电商、创意农业、乡村旅游等措施，在贫困地区培育一批创业项目，其中办理工商登记注册的，按规定落实小微企业扶持政策，对吸纳贫困劳动力就业并稳定就业 1 年以上的，可给予一定奖补。实施返乡创业带头人培养计划、创业服务能力提升计划，对吸纳贫困劳动力多的创业企业，优先落实扶持政策。对贫困劳动力、农民工等返乡下乡创业人员首次创办小微企业或从事个体经营并且正常运营 6 个月以上的，给予一次性创业补贴。对入驻实体数量多、孵化效果好的贫困县创业孵化载体，提高创业孵化基地奖补标准。

资料来源：《打赢人力资源社会保障扶贫攻坚战三年行动方案》。

（三）创业带动需要注意什么

持久高效的创业带动需要在实践中解决好三个问题：一是带动持续性问题。首先，对于创业主体具有一定门槛，要求创业主体具有一定的人力、技术和金融等资本。其次，选准创业产业至关重要，需要充分立足当地资源特色，并结合市场需求，因地制宜选好产业。最后，创业支持政策要精准，针对创业主体和产业发展的现实需求，落实政策保障，及时精准解决好创业主体在产业发展中遇到的困难和瓶颈，帮助创业主体稳步度过初创期。二是带动效益效果的问题。创业带动关键是带动，发挥好带动作用，需要建立入股分红、吸纳就业等相对完善的主体利益联结机制，打造创业主体与带动群体的利益共同体，并充分发挥典型示范作用，塑造一批贫困群体因为创业就业致富的典范，带动更多百姓参与。三是创业金融支持问题。不少涉农相关产业的创业主体在贷款时，往往不能提供财务指标、缺乏担保，而银行对创业贷款往往设置较高门槛，这也需要政府采取风险补偿金、财政贴息等手段，建立创业金融支持的风险补偿机制，提高金融机构参与积极性。

（四）创业带动典型案例

案例 3 - 2：

黑龙江省桦南县以三大引领行动释放创业巾帼力量[①]

黑龙江省桦南县深入实施就业创业"三大引领行动"，挖掘妇女创业就业典型示范项目，搭建妇女创业就业平台，打造巾帼就业创业品牌，为农村留守妇女创业就业增收助力赋能。

---

① 案例来源：中国老区网，桦南县妇联：转作风强能力跑出巾帼志愿服务"加速度"，案例改编 http://www.zhongguolaoqu.com/index.php？m＝content&c＝index&a＝show&catid＝17&id＝74601。

第一，实施示范引领行动，激发妇女内生动力。一是注重宣传引导。以春风行动为契机，开展巾帼妇联上门讲活动，宣讲巾帼创业就业故事，激励更多农村妇女转变创业就业观念，走出家门，自力更生。二是注重典型示范。2023年培育选树全国、省、市"三八红旗手""巾帼文明岗"等个人（集体）8个，比如，全国"巾帼文明岗"桦南县兴村镇银行；全省"巾帼文明岗"桦南县税务局、"红梅工作室"；全市"三八红旗手"桦南县梨树乡民主村党支部书记孟凡梅等。利用微信公众号平台积极宣传"巾帼带头人""致富女能人""手工编织巧手"等优秀创业就业女性事迹，激励广大妇女群众创业就业。三是注重学习培训。开展"基层妇联干部培训班""高素质女农民培训班"等活动，推动"农人＋技人"一人多能的培训模式。

第二，实施品牌引领行动，拓宽妇女就业渠道。一是依托主导"紫苏＋"品牌带动妇女"干起来"。积极联合桦南县林业局有限公司，创立巾帼创新工作室，通过研发无糖紫苏月饼等系列产品，延伸紫苏籽油、紫苏阿胶、紫苏精油等潜在价值，助力女职工"直播带货"＋"线下销售"。二是打响"妇"字号品牌帮助妇女"安下来"。按照"成熟一个、创建一个"的工作思路，创建一批"巾帼扶贫车间""乡村振兴巾帼孵化基地""妇女微家"等妇女创业就业基地。三是实施"九八九"品牌引领妇女"走出去"。充分发挥"九八九"转移就业工程品牌效应，建立妇女创业就业项目推介库。

第三，实施服务引领行动，提升妇女创业实力。一是提供资金支持。针对妇女创业资金不足、贷款担保等瓶颈制约，简化审批手续，截至2022年底，累计为341人协助办理农村妇女创业小额担保贴息贷款2 000余万元。二是提供技术支持。积极协调省农科院专家与同心牛犊养殖基地等5名女养殖大户等进行对接，为女创业致富带头人答疑解惑、提供有效指导。推荐 11 名创业妇女与省、市女性创业就业导师团进行对接，为创业妇女提供品牌营销、技术指导等服务。三是提供平台支持。积极搭建交流沟通平台，积极组织召开女企业家、女创业致富能人座谈会，为女企业家讲解有关企业税收、创业就业和种植养殖政策。

三、如何解决"能就近就业"的问题——建设扶贫车间

扶贫车间是促进农村妇女、留守老人等为代表的贫困劳动力就近就地就业最便捷有效的方式之一，可以让有就业意愿，但因照顾家庭、劳动能力弱、难以外出务工的妇女和老人群体，在家门口实现就业[①]。人力资源和社会保障部数据显示，截至 2020 年 10 月底，全国累计建设扶贫车间32 688个，吸纳贫困人口家门口就业 43.7 万人，展示了扶贫车间显著的就业扶贫成效。

（一）扶贫车间是什么

扶贫车间是以促进贫困人口就近就业为目标，在贫困农村或易地搬迁点新建或改建小型厂房，把技术不高、劳动强度不大、市场需求稳定的企业的部分或者全部环节引入进来，打造加工车间、扶贫工厂、扶贫产业园等产业基地，让贫困群体在家门口实现就业、务农、顾家三不误的有效形式。

扶贫车间具有如下典型特点：一是以扶贫属性为主，就业门槛相对较低，多实行弹性工作制，场所限制不严，并可计件计酬，特别适合因家庭原因（照顾老人、儿童）无法外出务工的妇女、残疾人、中老年劳动力等

---

① 张丽宾，2019. 完善就业扶贫政策思路［J］. 山东人力资源和社会保障（5）：34-36.

群体。二是以简单生产为主，主要经营来料加工、订单生产，生产技能上多为相对简单的缝纫、组装等劳动技能，或是刺绣、编织等传统技能。三是以劳动密集型产业为主，扶贫车间的产业主要是投资少、门槛低、见效快，而且涉及面广、吸纳就业能力强、对劳动力技能要求低的劳动密集型产业。四是设置地点以易地搬迁区为主。扶贫车间突出特征是帮助易地搬迁家庭在新安置地重建生计，特别是帮助有照顾家庭和外出就业需求冲突的部分搬迁群众在安置社区内稳定就业。

社区工厂、卫星工厂是扶贫车间升级后的两种重要形式。社区工厂是对易地搬迁区扶贫车间的规模和专业技能的升级，实现了由最初的来料加工、配件组装为主，发展到生产的产品可在园区总部进行组装、包装和检验后直接出口外销，建立了相对完善的产业链条，社区工厂劳动者对应收入、福利也有所提高。卫星工厂依托与具有一定生产规模和生产优势的总部工厂或中心工厂之间的长期合作，在农村布局产业生产节点或基地中，通过"总公司＋卫星工厂＋农户"的形式，将工厂办到农民家门口，让农民转身变成工人。

综上，扶贫车间升级前后特征比较如表3-3所示。

表3-3　扶贫车间升级前后特征比较

类型		产业特征	针对群体	带动效果	增收效果
升级前	扶贫车间	生产规模较小，多为来料加工	贫困群体和半劳动力、弱劳动力	就业门槛较低，对弱势群体带动效果好	计件工资，灵活就业，增收波动性较大
升级后	社区工厂	规模较大，具有稳定和全套的生产环节和流程，多为劳动密集型	具有较高劳动能力的贫困群体和一般群体	对劳动者素质和技能要求较高，对具有完全劳动能力的贫困群体带动效果好	按月工资，增收稳定，工资、福利保障高
	卫星工厂	规模较大，是总公司在基层的生产基地，由总厂统一分配订单进行生产	具有较高劳动能力的贫困群体和一般群体	对劳动者素质和技能要求较高，对一般群体带动效果好	按月工资，收入较为稳定持续

（二）扶贫车间怎么做

1. 合理布局定制扶贫车间

因地制宜，适应产业特征。立足贫困镇村资源禀赋，结合县域主导产业优势，以培育和发展关联产业为主要方向，引导适合分散式、家庭作坊式生产的企业在脱贫地区设立工厂、车间或村社代工点，推动就业帮扶车间与地方产业体系相互融合、相互促进。例如，拥有刺绣传统的内蒙古自治区科尔沁右翼中旗、作为"中国羽绒之乡"的河南省台前县，以及素有"中国发都"之称的山东省鄄城县等地均充分利用了当地的特色文化与手工业传统发展扶贫车间。

结合实际，适应劳动力特征。充分考虑农村劳动力特征，精选一些技术含量不高、容易上手、工时灵活的企业，实行弹性工作制，并根据预估可用劳动力数量进行订单调整。例如，山东省菏泽市扶贫车间会根据农忙时间统一放假；陕西省安康市恒安玩具厂针对"宝妈"特别设置相当比例的临时工，使其可利用碎片时间工作。

2. 健全扶贫车间运行管理机制

健全扶贫车间认定及退出机制。对新建扶贫车间及时认定，对因企业经营不善等原因关门闲置或吸纳贫困人口比例、就业人数达不到规定要求的及时取消认定。

健全日常管理机制。成立扶贫车间工作领导小组，由乡镇担起扶贫车间日常管理责任，同时驻村第一书记、村党支部书记要履行好监管责任，建立好工作台账，加强对扶贫车间运营情况排查摸底。

深化利益联结机制。采取"合作社＋扶贫车间＋农户""企业＋扶贫车间＋农户"等利益联结方式，让贫困户通过政府产业引导资金入股的方式，参与产业发展，分享产业红利，实现稳定增收。

3. 强化政策支持

强化扶贫车间用地用工保障。发挥乡村劳务工作机构、驻村帮扶力量作用，宣传、鼓励、引导贫困劳动力到扶贫车间务工，同时为扶贫车间厂房用地提供租金及水电减免政策。例如，陕西省平利县免费为扶贫车间提供厂房3年。

强化企业等主体的就业补助。利用财政奖补，加大力度支持经营主体兴办扶贫车间、带动贫困人口就业。例如，四川省青川县对吸纳建档立卡贫困劳动力3人以上就业、签订6个月以上劳动合同或就业协议的车间，按每吸纳1名建档立卡贫困劳动力从就业补助资金中给予1 000元/人的一次性奖补。

加大扶贫车间创建企业等主体的担保贷款。例如，山东省设立5亿元左右的创业扶贫担保资金，设立"就业扶贫车间"的企业按规定享受创业扶贫担保贷款政策和贴息，并按招用符合申请创业担保贷款条件的人数，给予最高额度不超过300万元的创业扶贫担保贷款。

在明晰发展扶贫车间的主要做法的基础上，可结合其有关政策概述，更清晰理解扶贫车间政策工具（表3-4）。

表3-4　发展扶贫车间政策重要内容概述

项目	主要内容
扶持发展扶贫车间等载体吸纳就业	在贫困乡镇、村建设一批扶贫车间等就业扶贫载体。配合扶贫部门将扶贫车间等载体建设纳入扶贫项目建设规划，不断规范建设标准。鼓励企业、农民专业合作社、扶贫车间等各类用人单位吸纳贫困劳动力就业，对开展以工代训的，给予职业培训补贴；对企业按规定给予一定数额的社会保险费补贴；对吸纳就业成效好的就业扶贫基地，给予一次性资金奖补。

资料来源：《打赢人力资源社会保障扶贫攻坚战三年行动方案》。

（三）扶贫车间需要注意什么

扶贫车间在就业减贫实践中作用显著，但在发展中也存在一些困境难题，需要在转化应用中注意。一是扶贫车间结构单一，转型升级面临一定困难。扶贫车间大多数以服装加工、编织、零件加工等劳动密集型产业为主，产业结构单一，经营规模较小，需要有稳定的订单来源作为支撑。扶贫车间员工文化素质良莠不齐，技术水平较低，抵御市场风险的能力较弱，属于低层次产业扶贫。二是"两头在外"[1]，物流成本降低困难。扶贫车间等多为"两头在外"的"代工厂"，相互之间缺乏配套、互补功能，形成一系列有碍其发展的问题。同时，多为同质化的"代工厂"，企业之间缺乏配套、互补功能，企业表现出明显的"两头在外""单打独斗"特征，物流和货运成本高。三是相关政策有待完善，认证标准体系需健全。目前大多数相关部门仅对居家式、厂房式以及合作社式的扶贫车间进行认定，并出台配套的认定法规政策。其他类型的就业扶贫车间不能及时得到相关部门的认定，并且缺乏相关的认定政策文件。

（四）扶贫车间典型案例

案例 3-3:

陕西省平利县打造社区工厂扶贫新样板[2]

地处陕鄂渝交界的陕西省平利县，曾是秦巴山区集中连片特困地区重点县。脱贫攻坚战打响以来，平利县因地制宜探索实施"搬迁建社区、社区办工厂、工厂促就业"的社区工厂新模式，打造了西部"社区经济"知名品牌，改变了一大批搬迁群众的生产生活。截至 2020 年 11 月，平利县在 112 个集中安置区，建设社区工厂超过 100 家、带动群众就业 1 万人、产值突破 10 个亿。

第一，坚持问题导向，找准产业发展路径。易地扶贫搬迁是平利县实现贫困群众脱贫增收的一个重要路径。然而，搬迁后如何实现"搬得

---

[1] "两头在外"是指把生产经营过程中的原材料和销售市场两头放在国际市场。

[2] 案例来源：平利县人民政府网，平利：社区小工厂 脱贫大产业，案例改编 https://www.pingli.gov.cn/Content-1151934.html。

出、稳得住、能致富",则是摆在平利县广大干部面前的一道难题。平利县经过充分的市场调研发现,劳动密集型企业在加工产品时大部分工序需要手工完成,大多采取以件计酬,对工作时间、场所限制不严,具有工人上手操作快、管理相对松散的特点,非常适合需要照顾家庭、不能外出打工的人群。"靶向"摸清后,平利县随即把就业创业、招商引资和移民搬迁有机结合起来,引进劳动密集型企业,创办社区工厂,引导搬迁群众就地就近就业。平利县依托社区办工厂,办好工厂带就业,探索了"总部在园区、工厂在社区、车间进村庄"的平利模式,全面发展社区工厂。这一模式,不仅实现了"搬得出、稳得住、能致富"的目标,还有效解决了"三留守"等社会问题。正如城关镇药妇沟社区居民吴丰珍所说,社区工厂让她"楼上居住、楼下就业",晚上下班了还可以去广场跳跳舞,在休闲的社区里过上了幸福的生活。

　　第二,强化政策支持,把产业和就业稳下来。在大力推进社区工厂建设、促进社区工厂集群化发展、带动易地搬迁群众增收脱贫中,平利县结合县实际,特制定扶持社区工厂发展四条政策,包括:①重点扶持龙头企业。毛绒玩具、服装手套、电子元件、手工艺品四类社区工厂可优先申报扶持项目、优先落实奖扶资金,培育壮大龙头企业,集中打造产业集群。②设立发展专项资金。县财政设立500万元社区工厂发展专项资金,主要用于支持社区工厂实体建设、设立担保贷款专项基金、解决突出问题等。③就业扶贫基地奖励。由人社部门评选评定为省市县级就业扶贫基地的,分别给予5万元、3万元、1万元的奖励扶持。④实施社区工厂落地奖励。对当年前3名落地且带动就业稳定用工50人以上、贫困劳动力10%以上的社区工厂,根据带动就业人数给予5万～10万元落地奖励。

四、如何解决"有机会就业"的问题——扶贫公益性岗位安置

贫困地区特别是深度贫困地区，不少贫困劳动力属于半劳动力或弱劳动力范畴，依靠市场机制，就业十分困难，甚至无机会就业①。而公益性岗位安置通过政府购买集体性质的形式，为贫困劳动力设置专属公益性岗位，成为直接有效解决"零就业"家庭和弱势群体在社区或乡村附近范围快速就业的有效方式，为半劳动力和弱劳动力的贫困群体提供了就业机会。人力资源和社会保障部数据显示，截至 2020 年 10 月，全国开发保洁、保安、造林绿化、助残、托幼等各类公益性岗位，为本来无就业机会的 496.3 万贫困人口提供了就业岗位，尽最大可能做到就业路上一个也不少。

（一）扶贫公益性岗位安置是什么

扶贫公益性岗位面向的群体主要为"无法离乡、无业可扶、无力脱贫"的零就业家庭人员、建档立卡适龄贫困劳动力、大龄就业困难人员以及部分残疾人员等群体；但也要求这部分群体具有一定劳动能力，确保可以胜任岗位工作。开发的岗位主要是农村公路建设与管护、村庄公共基础设施建设与管护、水利工程及水利设施建设与管护、湖泊巡查与管护、垃圾污水处理、厕所粪污无害化处理、河塘清淤整治、农村物流快递收发、造林绿化、农村托老托幼、乡村"爱心妈妈"、便民服务、乡村治安协管等公共管理类或非营利性公共服务类岗位。

---

① 谢玲红，吕开宇，2020."十四五"时期农村劳动力转移就业的五大问题［J］.经济学家（10）：56-64.

扶贫公益性岗位安置是政府专项兜底性就业扶贫措施，对贫困地区的适用性非常强，其岗位设置通常对劳动主体的劳动力素质、技能以及劳动强度要求不高，具有"托底线、救急难、临时性"等特征。

（二）扶贫公益性岗位安置怎么做

1. 放大扶贫公益性岗位的就业效应

开发适配半劳动力、弱劳动力的就业岗位。面向农村妇女、轻中度残疾人等弱劳力、半劳力和无法外出的脱贫人口等群体，按照"按需设岗、以岗定人、科学合理、总量控制"的原则，以财政付费的方式开发公益性岗位，实现就业兜底。例如，陕西省宝鸡市在农村设立一批保洁保绿、治安巡逻、扶老护理等公益性岗位，解决了贫困"弱劳力""半劳力"就业，并依托农村公共基础设施管护，将年龄偏大、技能较弱的农村劳动力等纳入安置范围。

加大以工代赈中对公益性岗位的支持。2020 年，国家发展和改革委员会实施的以工代赈巩固脱贫成果衔接乡村振兴试点工作中，明确要求要通过"公益性基础设施建设＋劳务报酬发放＋就业技能培训＋公益性岗位设置"模式，优先吸纳当地建档立卡户、脱贫不稳定户、边缘易致贫户及受疫情、灾情影响滞留农村劳动力参与工程建设。公益性岗位开发流程如图 3－2 所示。

2. 完善扶贫公益性岗位工作体系

夯实公益性岗位工作基础。支持县级及以下人民政府统筹各类资金开发的乡村公益性岗位，统筹村集体经济收益、产业收入、扶贫项目资产收益等资金，开发设置岗位。同时，按照"谁开发谁负责"原则，由公益性岗位开发单位统一为岗位人员购买意外伤害商业保险。

加强公益性岗位规范管理。以公平公正公开为基本原则选聘岗位人员，及时公开发布岗位招聘信息，规范开展人员聘任和公示等工作，并主动接受社会各方监督，确保选聘过程公开、选聘人员准确、选聘结果真

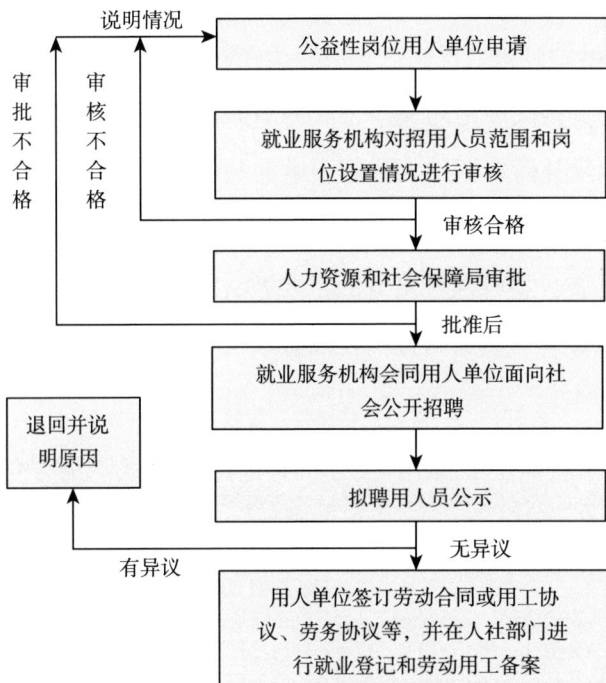

图3-2 公益性岗位开发流程

实。同时，建立乡村公益性岗位聘用人员实名制动态管理机制，做好退出和新进人员信息采集、更新等工作，优先选聘符合条件的脱贫人口，特别是其中的弱劳力、半劳力。

3. 加强扶贫公益性岗位模式创新和政策保障

创新公益性岗位"兜底＋"模式。通过精准聚焦农村弱、病、残、困、贫五类人员，城镇大龄失业人员、零就业家庭成员、有劳动能力的残疾人及其他市场化渠道难以就业的困难群众，丰富公益性岗位"兜底＋"模式功能。例如，山东省东营市相继探索推出了"行政事业单位＋公益岗""新时代文明实践＋公益岗""便民服务＋公益岗""村（社区）党组织＋公益岗""疫情防控＋公益岗"五种公益岗模式。

保障公益性岗位在岗待遇。2019年，《人力资源社会保障部 财政部关于做好公益性岗位开发管理有关工作的通知》（人社部发〔2019〕124号），明确提出做好公益性岗位在岗待遇保障工作，给予岗位补贴和社会保险补贴，所需资金按规定列支。岗位补贴标准原则上不高于当地最低工资标准；社会保险补贴包括用人单位缴纳的基本养老保险费、基本医疗保险费、失业保险费。指导用人单位依法依规为公益性岗位人员参加工伤保险。

在明晰扶贫公益性岗位安置的主要做法的基础上，可结合其有关政策概述，更清晰理解扶贫公益性岗位安置政策工具（表3-5）。

表3-5 扶贫公益性岗位安置政策重要内容概述

项目	主要内容
开发公益性岗位托底安置	各地要统筹考虑乡村建设实际需要，开发农村保洁、治安、护路、管水、扶残助残、养老护理等公益性岗位，帮扶贫困劳动力就业。贫困地区新增和腾退的公益性岗位应优先安置贫困劳动力，可由就业补助资金给予一定期限的岗位补贴。积极协调林业草原、交通、扶贫等部门，开发各类公益性岗位安置贫困劳动力。鼓励各地通过以工代赈、以奖代补、劳务补助等方式，动员更多贫困劳动力参与小型基础设施、农村人居环境整治等项目建设，增加劳务收入。

资料来源：《打赢人力资源社会保障扶贫攻坚战三年行动方案》。

（三）扶贫公益性岗位安置注意什么

扶贫公益性岗位安置是以工代赈思维转化应用成果。贫困地区公益性岗位安置需要解决好几个方面问题：一是要确保岗位公平。该措施具有一定公益性属性，并且收入来源相对可靠，在实际运用中可能会产生一定的不公平现象，导致本来更需要安置的贫困群体没有得到有效安置，产生不良的社会影响。二是公益性岗位安置开发要适度有效。设置的岗位所解决的问题是必须解决的重要问题，不是为了脱贫临时加设的纯粹的脱贫岗位。三是公益性岗位工资要具有可持续性。公益性岗位就业的劳动者收入普遍不高，仍面临因病返贫、因灾返贫的风险。因此保证支付公益性岗位工资的资金来源可靠、稳定，并且能够支付尤为重要。

（四）扶贫公益性岗位安置典型案例

案例 3－4：

青海省海西州四种管理模式，强化公益性岗位兜底安置就业[①]

为充分发挥扶贫公益性岗位安置效率，促进就业困难人员就业，青海省海西蒙古族藏族自治州人社局紧紧围绕规范就业困难人员公益性岗位开发管理总体思路，积极探索实践公益性岗位人员四种管理模式，帮助更多就业困难人员通过公益性岗位实现就业。

一是"完善政策，灵活安置"管理模式。出台《海西州公益性岗位管理办法》，健全"按需设岗、以岗聘任、在岗领补、有序退岗"的管理机制，科学管理公益性岗位。截至 2023 年 9 月，帮助 396 名下岗失业人员、失地农民、有劳动能力的残疾人、高校毕业生、零就业家庭等就业困难人员实现就业。

二是"落实补贴，保障待遇"管理模式。实地走访 74 家公益性岗位用人单位，了解公益性岗位人员上岗情况、岗位补贴、社会保险补贴发放情况并对相关信息进行核实。截至 2023 年 3 月，全州设立公益性岗位 2 860 个，其中：州本级设立公益性岗位 412 个，在岗人员 396 人。人员类别主要以城乡低保人员和城镇零就业家庭成员及高校未就业毕业生为主，主要从事保洁、保安、司机、办公室业务员等岗位。全州共发放公益性岗位补贴 1 929.53 万元，社保补贴 1 129.94 万元，其中：州本级发放公益性岗位补贴 672.46 万元，社保补贴发放 198.69 万元。

三是"落实政策，提高收入"管理模式。按照《中华人民共和国社

---

① 案例来源：海西州人力资源和社会保障局网站，海西州"四个管理模式"强化公益性岗位兜底安置就业，案例改编 https：//www.pingli.gov.cn/Content－1151934.html。

会保险法》等法律法规和政策规定发放公益性岗位补贴、社会保险，确保补贴资金按时发放、足额到位。同时，落实青海省最低工资标准政策的规定，于 2023 年 2 月岗位补贴在原有基础上增长 180 元，充分激励岗位人员工作积极性，提高工作效率。并鼓励全州有条件的地区、用人单位适当提高公益性岗位人员岗位补贴，应享尽享政策红利。

四是"健全制度，加强管理"管理模式。严格考勤规范化管理，建立健全公益性岗位考核考评制度。明确用人单位管理及监督责任，每月对公益性岗位人员进行核岗。对管理使用不当、公益性岗位人员作用发挥不好的用人单位，取消该单位聘用公益性岗位人员资格。充分利用"金保工程"信息管理系统，随时掌握公益性岗位从业人员在岗服务时限，实时进行考勤核对，做到人岗合一；定期对公益性人员及用人单位监督检查，确认身份，实行实名登记，做好在岗人员信息跟踪。

五、如何解决"有能力就业"的问题——强化技能培训

职业技能培训是促进贫困劳动力脱贫致富的重要举措，能有效激发贫困群众脱贫致富的内生动力，解决贫困人口就业缺技能、缺信心和缺勇气的三缺难题，实现让贫困群体有能力就业。人力资源和社会保障部数据显示，2017 年至 2019 年，全国累计开展政府补贴性职业技能培训 5 200 多万人次，其中培训贫困劳动力 665 万人次。

（一）技能培训是什么

技能培训是以增强贫困人口内生发展动力、提高劳动素质、阻断贫困

代际传递为导向，通过技能培训、知识讲解、科技推广等多种形式以及涉及种养、加工、服务等多领域的技能培训，不断增强贫困人口就业和生计能力，实现越来越多的贫困乡亲走上靠技能脱贫的幸福路。

就业扶贫中技能培训有两条主线，且两条主线相辅相成，共同构建起覆盖全生命周期的技能培训体系。一条主线是针对贫困劳动力群体的技能培训。这一主线主要面向已经进入劳动年龄但缺乏必要职业技能的贫困人口。通过开展各种形式的职业技能培训，如农业技术、手工艺制作、机械操作、服务业技能等，帮助他们掌握一门或多门实用技能，提高其在劳动力市场的竞争力。另外一条主线是针对贫困家庭子女的技能培训。这条主线侧重于从长远角度打破贫困代际传递，通过对贫困家庭子女进行教育支持和职业技能培训，确保他们在成长过程中有机会接受良好的教育和专业训练。

技能培训是推进就业扶贫的基础选择和长期措施，贯穿着就业扶贫的整体主线，具有非常强的区域和群体适用性。从措施看，开展劳务协作、加强创业带动、建设扶贫车间、强化扶贫公益性岗位安置等就业扶贫措施都需要技能培训作为支撑，让贫困群体有能力满足就业岗位需求；但也要注意不同就业扶贫措施，对技能培训的内容、时长需求也会因岗位条件的不同，而有所差异。比如，相对于扶贫车间的单一、劳务协作对技能培训的标准要求更高，所需培训的周期更长。从群体看，不管是贫困群体还是非贫困群体，就业技能培训都有助于提升技能水平来促进就业。但不同群体间培训的时长和内容上有所区分，一般多为长期职业技能和短期职业技能培训相结合；内容方向主要为引导性培训和专项技能培训、初级技能培训。从区域看，技能培训并不仅局限在国家和省定贫困县（村）、"三区三州"以及易地扶贫搬迁安置区等区域，经济发达地区同样适用于技能培训，但在区域上也存在培训侧重点的差异。比如，对于"三区三州"等深度贫困区的技能培训不仅是侧重于生产技能方面的培训，让贫困劳动力有能力就业；还是侧重于内生动力和劳动力素质本身的基础培训，让贫困劳动力先有就业的想法，即扶贫扶智①。

（二）技能培训怎么做

一是因人施训，提高培训针对性。对有外出转移就业意愿人员，开展引导性培训和专项技能培训、初级技能培训，帮助其掌握就业的一技之长；对订单、定向、定岗就业人员，开展岗位技能培训，帮助其培训后直接上岗；对在乡镇扶贫车间、村社代工点等就业人员和手工艺制作等居家就业人员，开展就地就近技能培训，促进就业增收；对未能继续升学并准备转移就业的应届初、高中毕业生，开展劳动预备制培训；对学习能力较强、具备一定创业条件的人员，同时开展创业培训和生产技术技能培训，全力帮扶学员实现创业就业。例如，甘肃省在技能培训上，对外出务工人员，开展电工、电焊、汽修、家政服务等特色品牌技能培训；对居家妇女开展手工编织、农家乐经营等居家就业培训；对有创业意愿且具有一定基础的劳动力，开展产业经营、商业营销等创业培训；对新生劳动力，通过职业学校开展长期职业技能教育培训。

二是专项培训发力，加大培训力度。人社系统、扶贫部门精准聚焦"三区三州"等重点贫困地区，以及"两后生"、新生代农民工、贫困劳动力等群体，开展了农民工职业技能提升计划"春潮行动"、技能脱贫千校行动、"千村万企"职业技能培训大行动、深度贫困地区技能扶贫行动等一系列专项行动。例如，人力资源和社会保障部组织实施技能脱贫千校行动，明确提出以技工院校和职业培训机构为主要工作载体，面向建档立卡贫困家庭应、往届"两后生"和具备劳动能力人员，大力开展技工教育和

---

① 王铮，范海燕，许书月，2020. 精准就业扶贫与劳动技能提升研究［J］. 中国商论（1）：251－252.

职业技能培训，并适当向贫困地区倾斜，建立对贫困地区特别是"三区三州"等深度贫困地区技工院校对口支援工作机制。在开展深度贫困地区技能扶贫行动过程中，实施了国家乡村振兴重点帮扶地区职业技能提升工程等一批专项工程，并通过政策支持努力实现每个有培训需求的建档立卡贫困劳动力都有机会接受职业技能培训，每个有就读技工院校意愿的建档立卡贫困家庭应、往届初、高中毕业未能继续升学的学生都有机会接受技工教育。人力资源和社会保障部数据显示，脱贫攻坚期间，全国技工院校累计招收建档立卡贫困家庭子女超 36 万人。

三是优化培训方式方法，提高培训实效。坚持工作重心下沉，积极组织职业培训机构、企业等根据实际情况采取集中培训、弹性培训、上门培训等方式，开展进乡镇、进社区、进家庭等"点对点""一对一"精准培训，提供课堂教学、"互联网＋培训"、多媒体资源培训等多种培训方式。鼓励优质职业培训机构和企业与深度贫困地区职业培训机构、就业扶贫车间合作开展培训。

四是加大政策支持，确保培训可持续。第一，聚焦需求主体，持续扩大技能培训覆盖面。《财政部 人力资源社会保障部关于印发〈就业补助资金管理办法〉的通知》（财社〔2017〕164 号）提出，各地人社、财政部门可通过项目制方式，为建档立卡贫困劳动力等免费提供就业技能培训或创业培训。2018 年 9 月，《人力资源社会保障部 国务院扶贫办关于开展深度贫困地区技能扶贫行动的通知》（人社部发〔2018〕63 号），明确聚焦深度贫困地区，加大帮扶力度，做到"应培尽培、能培尽培"。各地方也积极探索，不断完善相关政策体系。例如，陕西省出台《贫困劳动力培训工作方案》，推动 12 家省级单位联合开展七大类技能培训，推广"龙头企业＋免费培训＋定向输出＋就业安置"培训模式。第二，聚焦供给者，激发多元力量参与积极性。对发挥促就业作用突出的人力资源服务机构，制定和落实减免场地租金、给予奖励补贴、确定诚信服务机构、入选行业骨干企业等政策措施。对参加对口帮扶的专家、教师等支教服务期可作为基层工作经历，在评优评先、职级晋升、职称评审、岗位聘用等方面优先考虑；对开展技能脱贫成效显著的技工院校，在实施国家高技能人才振兴计划项目、国家级重点技工院校建设、世界技能大赛集训基地项目、高技能人才评选表彰等工作中，优先给予支持。

在明晰技能培训的主要做法的基础上，可结合其有关政策概述，更清晰理解技能培训工具（表3-6）。

表3-6　技能培训政策重要内容概述

项目	主要内容
实施技能脱贫专项行动	坚持就业导向，对接岗位需求信息，面向有培训需求的贫困劳动力大规模开展职业技能培训。对参加职业培训的贫困劳动力，在培训期间给予生活费补贴。优化培训方式方法，根据实际情况采取集中培训、弹性培训、上门培训等方式，开展进乡镇、进社区、进家庭等"点对点""一对一"精准培训。对吸纳就业能力较强的家政服务、物流配送、养老服务等产业，加大劳务输出培训力度。充分发挥企业在职工技能培训中的主体作用，鼓励各地企业特别是贫困地区企业招用贫困劳动力并开展培训，鼓励建设劳动力培训基地，推进企业新型学徒制培训。各地要严格执行贫困劳动力职业培训补贴政策，扩大培训补贴对象范围，增加补贴项目，上调补贴标准，完善补贴拨付流程，简化程序，加强资金监管。
深入开展技能脱贫千校行动	为有就读技工院校意愿的贫困家庭学生提供免费技工教育，为有劳动能力和培训意愿的贫困劳动力提供免费职业技能培训。指导各地确定一批重点院校和专业，建立健全结对协作和对口支援工作机制，支援深度贫困地区技工院校发展。深化校企合作，广泛组织动员，鼓励社会各界参与，共同开展精准技能扶贫。强化资金投入保障，加强教学资源支持，强化激励措施引导，加强信息管理、统计和宣传等基础工作，确保技能脱贫千校行动取得更大成效。
增强贫困地区职业培训供给能力	培训项目向所有具备资质的培训机构开放。引导各类培训资源积极开展贫困劳动力职业培训，支持贫困地区合理增设职业培训机构和技工院校。通过多种渠道和方式援助贫困地区培训机构和技工院校改善办学条件、扩展办学规模。采取双向挂职、两地培训、委托培养和支教等方式，开展师资培训和"传帮带"等活动。开发适合贫困劳动力特点的培训项目，打造适应县域经济发展、满足贫困劳动力个性化、差异化培训需求的精品课程。为贫困地区职业培训机构和技工院校免费提供多媒体培训资源支持。

资料来源：《打赢人力资源社会保障扶贫攻坚战三年行动方案》。

（三）技能培训需要注意什么

技能培训是贫困群体脱贫致富的长久之计，适用的群体多，是就业扶贫的利器。实践中技能培训需要注意如下问题：一是培训精准性问题。要结合贫困群体的劳动力现状和能力，设置精准合理的培训课程和培训方式。因为不少贫困群体的业务能力、文化素质比较有限，认知水平不高，在接受培训的过程中遇到一定的困难；难以理解培训内容，造成培训效果不佳。二是培训实用性的问题。就业技能培训要适应贫困地区发展，并紧密结合劳动力市场需求和用人单位要求，动态调整优化培训项目，多开展"订单式""定向式"培训，进一步增强培训的针对性、实效性，防止出现贫困群体参与技能培训学会了但用不上的现象。三是部分培训脱离实际问题。技能培训特别要避免内容单一、轻视实践操作、过度关注理论讲课等现象，同时也要警惕职业技能培训方面存在形式主义，过度重视拍照"留痕"等。

（四）技能培训典型案例

案例 3 - 5：

云南省昭通市"培训一人、就业一人、脱贫一户"①

云南省昭通市人社局大规模开展职业技能培训，坚持扶志与扶智相结合，变"输血式"扶贫为"造血式"扶贫，打造"培训＋产业＋转移就业"为一体的转移就业新模式，真正实现"培训一人、就业一人、脱贫一户"。2020 年 1 月至 11 月，全市开展补贴性技能培训 8.68 万人次，超额完成 3.68 万人次，超计划 74％，已拨付技能专项资金 6 375 万元，

---

① 案例来源：中国就业网，云南昭通：培训一人　就业一人　脱贫一户，案例改编 https：//chinajob. mohrss. gov. cn/c/2021 - 01 - 05/244602. shtml。

技能培训工作成效明显。

第一，完善政策，宣传覆盖无盲点。职业技能提升行动实施以来，昭通市出台了一系列政策文件，县级地区也制定了相应的工作实施方案和细则，构建了以职业技能提升行动政策为基础的"1＋N"政策框架体系。各县（市、区）人社局成立技能提升行动工作专班，做好做足技能培训前期的政策宣传工作。充分利用电视、网站、移动 App、手机报、微信、公告栏、"三农通"、农民工手册等渠道，大力宣传技能培训优惠政策和先进典型；同时积极开展服务企业和基层活动，把政策、服务和信息送进企业、校园、社区、乡村，引导农村劳动力树立技能提升促进就业质量的观念，做到政策宣传无死角、全覆盖。

第二，职责分明，责任落实无死角。建立了市级统筹、部门参与、县级实施的工作格局，将培训工作任务分解细化到各县（市、区）和部门，明确工作目标，压实工作责任。市级成立技能提升行动工作专班，对技能培训工作给予针对性指导，并建立摸底统计专报、工作调度和通报督导制度，实行一月一通报，发现问题及时整改，保障技能培训任务顺利完成。2020 年分配给各县（市、区）技能培训任务 5 万人次，完成培训并取证 7.6 万人次，达到 2020 年任务数的 152％。

第三，监管到位，培训质量有保障。采用"制度＋科技"的方式对培训、鉴定评价过程进行全方位监管，将质量要求贯穿培训和评价的全过程，严格执行"开班申请、过程检查、结业审核"三项制度，对培训计划、培训教学过程、专项资金拨付等情况进行督导监管，通过现场检查、电话抽查、视频指令抽查等方式重点对培训过程进行抽查，保证培训质量和资金使用效益。

第四，促进就业，培训工作见成效。各县（市、区）开展培训的工种实用性和针对性较强，涵盖砌筑工、电工、钢筋工、育婴员、家政人员、餐饮服务人员、民族刺绣师、挖掘机驾驶员等，增强了农村劳动力的就业竞争力和自我发展能力。在提升农村劳动力技能水平的同时，更加注重发挥人社部门的组织引导作用，收集企业需求工种信息组织开展针对性培训，实现培训结束即推荐上岗。还为培训对象提供"一对一""点对点"的就业岗位信息服务，通过专列、专班等形式大规模组织培训对象转移输出到长三角、珠三角等地务工。在外出务工人员较集中的地点设立劳务服务工作站；在各县（市、区）建立劳务输出基地，搭建"培训＋就业劳务服务"平台。培训对象不仅能实现就业，还能实现稳就业的目标。

综上，为更清晰理解劳务协作、创业带动、扶贫车间、扶贫公益性岗位安置、技能培训等就业扶贫主要措施的差异，重点从各类措施的参与主体与协作机制、政策目标、群体特征、政策优势以及突出特征五个层面进行比较（表3-7）。

表3-7　就业扶贫五大主要措施对比分析

	开展劳务协作	加强创业带动	建设扶贫车间	扶贫公益性岗位安置	强化技能培训
参与主体与协作机制	政府部门、人力资源服务机构，政府引导服务型	政府部门、创业企业、创业园区，政府引导服务型	政府部门、企业，政府主导协作型	政府部门、社区、事业单位、人力资源服务机构，政府直接扶持型	政府、社区、职业院校、人力资源服务机构，政府主导协作型
政策目标	通过组织化、规模化精准协作促进持续就业	通过能人带动效应，为贫困群体就业提供就业岗位	满足半劳动力等群体就近就地就业，实现务工顾家工作不误	为有劳动意愿的半劳动力等贫困群体提供就业机会	面向贫困群体和一般群体，培养其发展生产和务工经商所需的基本技能

（续）

	开展劳务协作	加强创业带动	建设扶贫车间	扶贫公益性岗位安置	强化技能培训
群体特征	贫困群体和一般群体，受众面广	创业主体多为返乡农民工、大学生、新型农业经营主体以及退伍军人，贫困群体较少	半劳动力、弱劳动力以及妇女贫困群体的等	半劳动力、妇女、贫困群体、残障人士等，受众面较为单一	贫困群体和一般群体，受众面广
政策优势	点对点的精准服务和全过程服务，解决劳务输出分散、持续弱等问题	发挥能人带动效应，激发贫困群体内生动力，并释放创业乘数效应，增加就业岗位	转变就业观念，稳定收入来源，掌握岗位专业技能以及在搬迁地安居乐业	转变生计观念，增加家庭收入，掌握岗位基本技能	转变生计观念，增强自身专业技能，增强就业信心、抑制贫困代际传递
突出特征	通过组织化程度高的"点对点"输送，来快速解决就业岗位不足难题	促进地方增收和个体发展	帮助易地搬迁家庭在新安置地重建并快速稳定生计	直接有效解决"零就业"家庭和弱势群体就业难题，保障基本民生	帮助劳动者改善社会资本和人力资本

◎ 第四章　中国就业扶贫工作机制与保障措施

中国就业扶贫政策能够顺利开展，得到有效实施，取得显著成效，离不开精准帮扶机制、专项服务工作机制、资金供给机制和工作考核机制等。

一、以信息化为基础的精准帮扶机制

做好就业扶贫相关的信息平台工作，是实现就业扶贫精准化的重要基础，也是就业扶贫工作进展和成效的直接体现。当前，中国就业扶贫已经形成了以"人力资源和社会保障部农村贫困劳动力就业信息平台＋地方就业扶贫监测平台"等为基础的精准帮扶机制，能够动态管理农村贫困劳动力就业失业信息，记载提供相关就业服务和享受政策情况，全面体现本地区就业扶贫工作进展和成效。

（一）中央部委的农村贫困劳动力就业信息平台

人力资源和社会保障部在与国务院扶贫办定期共享贫困劳动力实名制信息的基础上，开发建设农村贫困劳动力就业信息平台。通过平台建设全国农村贫困劳动力就业信息实名制动态数据库，形成跨部门、跨地区联动维护机制，使各级人力资源和社会保障部门明确本地区就业扶贫工作对象。农村贫困劳动力就业信息平台主要包括以下内容：一是农村贫困劳动力基本信息。农村贫困劳动力基本信息主要是将国务院扶贫办扶贫开发信息系统中的农村贫困劳动力基本信息交换导入平台。二是农村贫困劳动力就业人员情况。主要包括劳动能力、技能人员等级、创业标识、就业形式、就业地点、就业单位名称、单位性质、是否签订劳动合同、是否缴纳社会保险、是否就业转失业等信息（表4-1）。三是农村贫困劳动力未就业人员情况。主要包括劳动能力、技能人员等级、是否有就业意愿、就业服务需求、提供职业指导次数、是否享受社会保险补贴、是否经帮扶实现就业、帮扶就业方式等信息（表4-2）。

（二）各具特色的地方就业扶贫大数据平台

地方根据就业扶贫实际，开发了不同类型的就业扶贫信息监测的大数据平台。例如，浙江省开发东西部扶贫劳务协作动态管理平台，实时掌握省内每个县的建档立卡人员来源地、就业状况、技能水平和就业需求等情况，提供"点对点"精准服务。贵州省建设劳务就业扶贫大数据平台，于2020年5月正式上线，包括成人岗匹配模块、就业成效模块、平台管理模块。通过劳务扶贫大数据平台做到对各地区未实现就业的劳动力、已经外出但准备返乡的劳动力等重点人员心中有数，对重大工程项目、产业发展、合作社、政府公益性岗位等能够提供的就业容量心中有数。截至2020年12月底，平台的贫困劳动力数据库覆盖全省建档立卡和易地扶贫搬迁人员；劳务就业岗位数据库累计提供了1 868 078个岗位，已促进贫困劳动力就业29.09万人次，为44.86万人匹配推荐就业岗位。江西省开发江西省就业扶贫数据平台，强化就业扶贫工作的数据分析和动态监测管理，开发上线"江西就业扶贫码"，对全省贫困劳动力采取"一人一码"的形式进行就业服务推送。

（三）就业扶贫工作信息调度机制

农村贫困劳动力就业信息平台向省、市、县三级人力资源和社会保障

表4-1　农村贫困劳动力就业人员信息采集表（重要信息）

姓名	身份证号码	劳动能力	技能人员等级	创业标识	就业形式	就业地点	就业单位名称	单位性质	月工资（元）	是否签订劳动合同	是否缴纳社会保险	督促签订劳动合同情况	督促缴纳社会保险情况	是否就业转失业	就业转失业时间
		1. 普通劳动力 2. 技能劳动力 3. 丧失劳动力 4. 无劳动力	1. 职业资格（高级技师） 2. 职业资格二级（技师） 3. 职业资格（高级） 4. 职业资格（中级） 5. 职业资格五级（初级）	1. 是 0. 否	1. 单位就业 2. 个体经营 3. 灵活就业 4. 公益性岗位安置 5. 其他	填写6位行政区划代码（省、市、县）	填写组织机构代码如没有，按照"×省×市（州）×县（区）+单位名称"填写	1. 企业（非扶贫车间，加工点） 2. 机关事业单位 3. 农民专业合作社等新型经营主体 4. 扶贫车间，加工点 5. 其他		1. 是 0. 否	1. 是 0. 否	1. 政策宣传 2. 督促企业 3. 劳动监察	1. 政策宣传 2. 督促企业 3. 劳动监察	1. 是 0. 否	

表 4 - 2 农村贫困劳动力未就业人员信息采集表（重要信息）

姓名	身份证号码	劳动能力	技能人员等级	是否有就业意愿	就业意向地	就业服务需求	提供职业指导次数	提供职业介绍次数	创业服务次数	是否享受职业培训补贴	是否享受社会保险补贴	是否享受岗位补贴	是否享受其他政策扶持	享受何种政策及政策依据	是否经帮扶实现就业	帮扶就业方式	是否劳务协作基地吸纳
		1. 普通劳动力 2. 技能劳动力 3. 丧失劳动力 4. 无劳动力	1. 职业资格一级（高级技师）2. 职业资格二级（技师）3. 职业资格三级（高级）4. 职业资格四级（中级）5. 职业资格五级（初级）	1. 是 0. 否	6 位行政区划代码	1. 职业指导 2. 职业介绍 3. 创业服务 4. 职业培训 5. 其他				1. 是 0. 否	1. 是 0. 否	1. 是 0. 否	1. 是 0. 否		1. 是 0. 否	1. 通过就业服务实现自主就业 2. 省际劳务协作 3. 省内劳务协作 4. 其他	1. 是 0. 否

部门开放用户权限。人力资源和社会保障部根据平台信息更新情况和各地汇总统计表上报情况，开展工作调度和通报。具体工作流程：一是掌握基本信息，确定就业扶贫工作对象。每季度初将国务院扶贫办扶贫系统中的基本信息与人力资源和社会保障部掌握的就业和社会保险信息进行比对，更新相关信息。各级人力资源社会保障部门于每季度初3个工作日内，通过平台了解掌握本地户籍和在本地就业的农村贫困劳动力信息，作为就业扶贫工作对象。二是核实、补充、动态更新就业失业信息。在每年3月底前完成信息首次核实、补充工作。对初始状态为"未就业"的农村贫困劳动力，由户籍地负责核实和补充相关信息；对初始状态为"已就业"的农村贫困劳动力，由就业地负责核实和补充相关信息。同时，在平台上及时更新就业失业状态变动情况和提供服务落实政策情况。三是定期汇总上报。各地依托平台数据，对本省（区、市）户籍农村贫困劳动力就业信息进行汇总，按季度上报《本地户籍农村贫困劳动力就业失业情况统计表》（表4-3）。本地户籍人口中已没有建档立卡贫困人口的省份，按季度上报《在本地就业农村贫困劳动力就业失业情况统计表》（表4-4）。数据报告期为上一季度21日至本季度20日。

案例 4-1：

陕西省洋县：　紧盯三类群体，　强化实名制监测[①]

陕西省洋县围绕"家庭情况清、择业愿望清、技能水平清、就业去向清、扶持政策清"的五清目标，紧盯三类群体，逐户逐人核查信息、分门别类建立台账，为守住"零就业"家庭动态清零这一底线任务奠定了坚实基础。

---

① 洋县人民政府网站，强化就业帮扶 助力乡村振兴——洋县人社局坚持"3+5+3"工作思路，案例改编 http://www.yangxian.gov.cn/yxzf/yxxwzx/gzdt/202109/f550df1af48e462895df647b1e5b530f.shtml。

做实建档立卡脱贫户监测。持续对全县脱贫劳动力务工意愿、帮扶需求、就业地点及工资收入进行定期核实，指导各村（社区）精准建立《脱贫人口实名制登记数据库》和《脱贫劳动力花名册》《转移就业花名册》《创业花名册》《技能培训花名册》《公益性岗位安置花名册》"一库五册"台账。同时，对于没有就业意愿的脱贫劳动力，建立"有3次服务记录、有不就业主要理由、有本人签字确认、有专门档案""四有"台账。

做准重点人群监测。持续动态监测农村低收入人口、边缘易致贫人口、易地搬迁劳动力和公益性岗位退出人员就业状态。发现因未就业而出现收入降低风险的，人社部门建立"出现一户、帮扶一户、解决一户"的动态援助机制，第一时间采取就业岗位推送、技能培训、公益性岗位兜底等有效措施。

做细农村劳动力实名制监测。洋县人社局按照"全员登记、村级核实、镇（街）汇总、县级指导、动态管理"原则，采用进村入户"访"和电话联系"核"的方式，对全县所有农村劳动力就业状况实行全员监测，形成完善的"村级月采集、镇街月更新、全县季汇总"的三级数据管理机制，做到农村劳动力人人在库、数据内容项项精准。

二、有针对性的专项服务工作机制

在全国助残日、国家扶贫日组织开展就业扶贫专项活动，集中为建档立卡贫困劳动力送政策、送岗位、送服务。同时，在就业援助月、春风行动等专项服务活动中将贫困劳动力作为重点服务对象。

表 4 - 3　本地户籍农村贫困劳动力就业失业情况统计表

填报单位：　　　　　　　　　　　　　　　　　　　　　　　　期别：　年　月　日

本地户籍农村贫困劳动力总量	已就业数量	就业形式				就业地域			帮扶方式				本期新增就业人数	本期新增失业人数	就业质量			提供就业服务情况				政策落实情况			
		单位就业数量	灵活就业数量	自主创业数量	公益性岗位安置数量	县内就业数量	县外省内就业数量	省外就业数量	自主就业人员数量	省际间劳务协作人员数量	省内劳务协作人员数量	劳务协作基地吸纳人员数量			签订劳动合同人员数量	参加社会保险人员数量	月均工资	提供职业指导人次	提供职业介绍人次	提供职业培训人次	提供创业服务人次	享受职业培训补贴人次	享受社会保险补贴人次	享受岗位补贴人次	享受其他政策扶持人次

单位负责人签章：　　　　　　　处（科）负责人签章：　　　　　　　填表人签章：　　　　　　　报出日期：　年　月　日

表 4 - 4　在本地就业农村贫困劳动力就业失业情况统计表

填报单位：　　　　　　　　　　　　　　　　　　　　　　　　期别：　年　季度

在本地就业的农村贫困劳动力数量	已核实信息人员数量	帮扶方式			就业质量		
		自主就业人员数量	省际间劳务协作人员数量	劳务协作基地吸纳人员数量	签订劳动合同人员数量	参加社会保险人员数量	月均工资

单位负责人签章：　　　　　　　处（科）负责人签章：　　　　　　　填表人签章：　　　　　　　报出日期：　年　月　日

（一）就业扶贫行动日

为配合做好国家扶贫日活动，深入推进就业扶贫工作，在全国范围内，依托基层公共就业服务体系，由各级人力资源和社会保障部门开展就业扶贫行动日等系列活动，促进稳岗就业。主要内容如下：一是送政策。采用群众喜闻乐见和灵活多样的形式，积极拓展网上专题宣传、走村入户上门宣讲、现场驻点咨询等方式，广泛发布政策清单、务工指南等宣传材料，集中开展就业扶贫政策宣传和咨询活动。二是送信息。深入县乡基层和企事业单位，广泛搜集适合贫困劳动者的岗位信息，并及时通过平面媒体、电视、广播、互联网平台、手机短信微信等渠道，让有就业意愿的贫困劳动者获知用人单位需求。三是送服务。因地制宜开展招聘会、组织劳务协作和对接等活动，满足贫困劳动者求职就业意愿和企事业单位用工需求，促进人岗供需对接。为符合条件的贫困劳动者和用人单位落实就业扶贫扶持政策。四是送岗位。加强工作主动性，结合实际组织工作人员上门入户，深入基层和偏远地区，通过现场招聘和远程网络招聘等方式，让贫困劳动者就近便利获得有效就业机会，尽快实现就业增收脱贫。

（二）春风行动

春风行动自 2005 年开展以来，已经成为公共就业服务品牌项目之一。根据实施主体不同，可以分为三个阶段：一是 2016 年之前，主要是由人力资源和社会保障部、中华全国总工会、中华全国妇女联合会三部门联合开展，主要服务对象是有转移就业意愿和创业愿望的农村劳动者、有用人需求的企业和各类单位、其他有就业创业意愿的劳动者。二是 2016—2020 年，2016 年为积极贯彻落实党中央国务院关于做好脱贫攻坚工作和就业创业工作的要求，首次联合国务院扶贫办组织实施，并将有劳动能力和就业意愿的建档立卡农村贫困人口作为重要服务对象。三是 2020 年之后，2021 年中国残联加入春风行动中，将春风行动和就业援助月活动融合。在春风行动中，通过宣传引导、专项服务、技能培训、维权服务、市场整顿等一系列工作，有效促进了农村贫困劳动力就业。

三、有保障的多元化资金供给机制

就业扶贫各项政策的落地实施，需要有相关资金的保障。在就业扶贫政策实施过程中，建立了多元化的资金供给机制，并通过优化扶贫资金管理机制，有效提高资金使用效率。

（一）多渠道保障就业扶贫资金

将就业扶贫任务和成效纳入中央财政就业补助资金分配因素，提高就业补助资金在就业扶贫任务中的分配比例，并向"三区三州"深度贫困地区针对性下达。强化金融支持帮扶，完善金融机构对新型农业经营主体、帮扶车间、自主创业帮扶对象的信贷支持政策。完善财政衔接乡村振兴资金就业帮扶政策，结合各地实际细化补助政策。用好光伏发电收益，切实发挥光伏收益促进就业作用。加大以工代赈投入，扩大以工代赈投资建设领域。加强职业技能、农业技术培训资金投入使用，不断提高帮扶对象高质量就业能力，实现可持续稳定增收。

（二）加强和规范就业扶贫资金使用管理

为提高就业扶贫资金使用效率和透明度，规范就业扶贫资金分配、使用管理，保障就业扶贫资金落到实处，部分地方专门出台了就业扶贫资金使用管理办法，对资金支出范围、资金申请和使用、资金项目管理等均进行了明确规定。

案例 4－2：

四川省阆中市：唱响就业扶贫资金绩效管理"三部曲"①

为加大就业扶贫工作力度，自 2016 年以来，四川省阆中市积极争取各级就业扶贫资金，高效推进就业扶贫资金管理，确保了就业扶贫健康发展。

坚守"三个严格"，确保执行就业扶贫资金政策不走样。一是严格落实政策规定，将四川省人社厅关于进一步做好就业扶贫工作的九条措施作为就业扶贫资金使用依据。二是严格资金使用范围，就业扶贫中涉及的就业创业培训补贴、公益性岗位托底安置补贴、贫困劳动力招聘会补贴等由就业专项资金支出；就业创业培训的食宿交通补贴、培训机构补贴、贫困劳动力转移就业交通补贴等由地方财政统筹的扶贫资金支出。三是严格禁止就业扶贫资金挪作他用，明令禁止将就业扶贫资金用于办公房建设、交通工具购置、个人津贴补贴发放、"三公"经费等支出。

着力"三个精准"，提高就业扶贫资金使用有效性。一是资金帮扶对象精准，主要用于建档立卡贫困人员。二是资金使用范围精准，主要扶持当年摘帽贫困村的就业脱贫，重点用于建档立卡贫困人员就业创业培训、职业介绍、就业招聘、就业转移、就业吸纳、就业扶贫基地、创业支持、公益性岗位开发等项目。三是资金帮扶标准精准，将资金帮扶范围细化为 16 个子项目，并把资金使用标准精准落实到每个子项目上，做到"三不"，即不提高标准，不降低标准，不交叉标准。

---

① 案例来源：根据南充市人力资源和社会保障局的相关资料整理而来。

突出"四项管理"，提高就业扶贫资金安全性。一是加强资金预决算管理，做到资金计划心中有数。对当年就业扶贫资金需求按资金来源和实施政策分项预算，年底做好就业扶贫资金决算。二是严格资金拨付管理，做到资金去向心中有数。就业扶贫涉及的资金支出，在由实施单位或个人提出申请、市就业局初审、市人社局审核、市财政局复核并将资金划拨到市就业局专门账户的基础上，推行资金拨付公示制度。三是实施工作痕迹管理，做到精准扶持心中有数。按照相关政策规定提供详细、齐全、真实、有效的基础材料，并立卷归档；加强内控管理，明确支付流程，筛查资金使用风险点，严格资金使用稽核。四是采取就业扶贫项目推进表管理，做到使用绩效心中有数。编制了《阆中市就业扶贫工作推进表》，将就业扶贫资金涉及的全部内容分门别类全部反映在推进表上，实现了对就业扶贫工作事前、事中、事后全程动态监管。

四、以目标和成效为导向的工作考核机制

中国提出以目标和成效为导向，与就业扶贫相关的高标准严要求的考核体系，有效确保了中国就业扶贫实施结果的稳定性。

（一）就业扶贫考核融合在脱贫攻坚考核中

中国就业扶贫考核机制主要以目标和成效为导向，主要融合在贫困县退出专项评估检查、贫困县退出抽查、省级党委和政府扶贫开发工作成效考核、东西部扶贫协作考核、中央单位定点扶贫工作考核、国家脱贫攻坚普查等贫困退出和成效考核体系之中，具体如表4-5所示。

表 4 - 5　脱贫攻坚考核中的就业扶贫相关指标

考核名称	相关就业扶贫考核指标
贫困县退出专项评估检查和贫困县退出抽查	专门设置有关易地扶贫搬迁就业帮扶、就业培训、外出务工、本地就业（包括公益性岗位、扶贫车间工人）等就业扶贫数量指标和帮扶成效指标。
省级党委和政府扶贫开发工作成效考核	将贫困劳动力就业规模作为重要考核指标，考核参照指标为去年贫困劳动力外出务工数据，东部地区今年吸纳中西部地区贫困劳动力务工总数不少于去年，中西部地区外出务工贫困劳动力总数不少于去年。
东西部扶贫协作考核	东部地区：引导企业到贫困地区投资兴业带动贫困人口就业情况；建立和完善劳务输出精准对接机制，开展职业教育、职业培训以及通过就业援助带动贫困人口脱贫情况。具体指标包括：带动脱贫人口脱贫数、开展贫困人口就业培训数、开展就业服务提供就业岗位数、贫困人口就业脱贫数。
	西部地区：产业项目带动贫困人口脱贫情况，提供贫困人口就业意愿和信息情况，与东部地区开展有组织劳务对接和贫困人口就业脱贫情况。具体指标包括：带动脱贫人口脱贫数、提供贫困人口就业意愿和信息数、提供就业服务数、开展职业培训数、帮助贫困人口就业脱贫数。

（二）地方专项就业扶贫考核指标体系

地方积极探索，构建了各具特色的就业扶贫工作考核指标体系。如：江西省高安市 2018 年脱贫攻坚就业扶贫工作考核细则，将组织领导、资金到位情况、开展情况、工作实效、成果展示、日常测评作为重要的考核内容（表 4 - 6）。

表 4 - 6　江西省高安市 2018 年脱贫攻坚就业扶贫工作考核指标体系

一级指标	二级指标
组织领导	有研究部署脱贫攻坚就业扶贫工作计划
	有安排一名副职和一名干部负责就业扶贫工作
	有就业扶贫半年工作小结和年终工作总结
	有发表就业扶贫工作信息宣传报道
资金到位情况	落实资金比例

（续）

一级指标	二级指标
开展情况	精准识别农村贫困劳动力情况
	就业扶贫政策宣传入村情况
	就业信息二维码到户情况
工作实效	转移就业情况
	本地企业就业情况
	扶贫车间就业情况
	创业带动就业情况
	就业扶贫专岗安置情况
	培训情况
成果展示	帮扶情况是否体现，扶贫示范点、示范园区挂牌情况
	贫困劳动力政策享受情况了解程度
日常测评	认真完成上级在各个阶段布置的重点工作任务
	按时完成上报材料

◎ 第五章　中国就业扶贫发展成效与实施成效

党的十八大以来，党中央、国务院高度重视就业扶贫工作，形成了符合中国特色的就业扶贫政策体系，做到了就业扶贫工作精准性、融合性和发展性的统一，基本实现了广覆盖、有成效、可持续的发展目标。同时，就业扶贫在助力全面脱贫、推动脱贫地区产业发展、提升贫困人口自我发展能力、激发贫困人口内生动力等方面取得了明显成效，为中国打赢脱贫攻坚战贡献了重要力量。

一、中国就业扶贫发展成效

（一）逐渐形成了一整套就业扶贫的政策体系

中央部门顶层谋划、地方积极探索落实，中国逐步形成了一整套就业扶贫的政策措施体系。一是就业扶贫政策文件全面系统。形成了"中央部署＋部委谋划＋地方落实"的就业扶贫政策文件体系。中共中央、国务院在脱贫攻坚相关综合性文件中对就业扶贫做了顶层谋划，明确就业扶贫方向、重要内容和途径。人力资源和社会保障部、国务院扶贫办等部委牵头，联合国家发展和改革委员会、财政部等部委出台就业扶贫工作指导意见、加大就业扶贫政策支持力度等专门性政策文件。各地因地制宜，出台专项就业扶贫政策措施及工作方案，使就业扶贫政策更加细化、实化[①]。

---

① 元林君，2018. 我国就业扶贫的实践成效、存在问题及对策探析 [J]. 现代管理科学（9）：109 - 111.

二是就业扶贫政策工具多种多样。既有直接推动贫困劳动力实现就业的供给型政策工具（如：教育培训、财政投入、信息服务、扶贫基础设施建设等）；也有通过创造就业岗位等方式以促进就业需要的需求型政策工具（如：创业创新、岗位开发、劳务输出等）；还有通过优化就业环境从而间接地推动就业的环境型政策工具（如：活动宣传、就业基本保障等）[①]。三是就业扶贫政策贯穿就业创业各个环节。目前，就业扶贫政策已覆盖广大贫困劳动力、吸纳贫困劳动力就业的各类用人单位以及职业中介机构、职业培训机构、孵化园区等各类市场主体，贯穿了促进贫困劳动力就业创业各个方面。以宁夏回族自治区的中卫市为例，从措施角度梳理主要就业扶持政策实践如表5-1所示。

表5-1　就业扶贫领域主要政策措施示例——以中卫市为例

渠道	政策内容	具体措施
搭建扶贫载体吸纳就业	搭建就业扶贫载体帮扶就业	对吸纳建档立卡贫困群众稳定就业在1年以上并签订劳动合同、缴纳各项社会保险的企业，按照吸纳人数给予扶贫载体一次性资金补贴。补贴标准为，吸纳11～20人补贴2万元；吸纳21～30人补贴3万元；吸纳31～100人补贴6万元；吸纳100人以上补贴10万元。
	鼓励企业吸纳就业	对到贫困地区和生态移民安置区投资兴办、从事国家不限制或鼓励产业的企业房产税实行"三免三减半[②]"；对符合西部大开发税收优惠或高新技术条件企业，除减按15%税率征收企业所得税外，企业所得税地方分享部分实行"三免三减半"优惠；对接收持有《就业创业证》的建档立卡贫困群众的企业，在3年内按照实际接收人数每年每人5 200元定额标准依次扣减营业税、城市维护建设税、教育费附加和企业所得税。
	引导中小微企业带动就业	区内外中小微企业、新型农业经营主体、民办非企业单位和社会团体吸纳本市建档立卡贫困群众就业，签订1年以上劳动合同并缴纳社会保险费的，按照吸纳人数给予1年社会保险补贴（企业缴费部分）。

① 黄锐，周坤，2019. 我国就业扶贫政策工具偏好及优化建议：基于中央政策文本（1996—2018年）的分析［J］. 中国农村研究（2）：49-65.

② "三免三减半"是指将符合条件的企业从取得经营收入的第一年至第三年可免缴企业所得税，第四年至第六年减半征收。

（续）

渠道	政策内容	具体措施
劳务转移	培育发展劳务组织	对有职业资格证书的劳务中介组织或劳务经纪人成功组织输出建档立卡贫困群众 50 人及以上、有稳定收入、签订 6 个月以上就业合同的，给予 300 元/人一次性奖励。对运转正常且年组织劳务输出 300 人以上、有稳定收入的劳务中介组织，再另行给予 5 万元一次奖励。
	加强区域劳务协作转移就业	外出务工稳定在 1 年以上并签订劳动合同、缴纳各项社会保险的建档立卡贫困群众，每人每年享受一次性交通补贴。标准为：区内跨县（市）就业给予 200 元交通补贴；跨省（区）就业给予 800 元交通补贴。
	给予务工就业补贴	凡与各类企业签订劳动合同，稳定就业达到 1 年、2 年、3 年的分别给予一次性奖励每人每年 1 000 元、2 000 元、3 000 元。
鼓励就地就近就业	落实创业扶持政策鼓励创业	有创业意愿和创业能力的建档立卡贫困群众自主或联合创办小微企业带动就业或从事个体经营带动就业的，连续正常经营 1 年以上，一次性给予 1 万元创业补贴，并对有创业意愿的建档立卡贫困群众给予免费创业培训和创业指导；对信用状况良好、有较强创业意愿和能力、有好的创业项目，创业资金需求量较大的贫困户，探索"扶贫小额信贷＋创业担保贷款"模式，解决创业资金不足问题。
	购买公益性岗位托底就业	每年争取购买一定数量的扶贫公益性岗位，托底安排年满 40 周岁以上有就业愿望和就业能力的建档立卡贫困群众，重点安排脱贫能力弱、有一定劳动能力的残疾人等特殊困难群体就业。
	鼓励高校毕业生多渠道就业	对建档立卡贫困家庭高校毕业生，每人享受一次性求职创业补贴 1 500 元。
技能培训	实行职业技能培训补贴	贫困劳动力在参加培训期间可给予一定生活费补贴。《国家职业资格目录》和自治区专项职业能力培训以外的职业（工种），培训后取得职业资格证书的和培训后取得培训合格证书的，每人每天分别给予 40 元、20 元补贴。
	实行获证补贴	对当年取得中级及以上职业资格证书，汽车驾驶 C 类驾驶证以上，挖掘机、装载机等驾驶技能证照的建档立卡贫困群众，分别给予每人 2 000 元、3 000 元、1 000 元的一次性奖励补贴。
	开展职业技能培训	培训对象自主选择培训机构的，培训结束并取得相应资格证书后，将职业技能培训补贴直补个人。政府购买社会服务由培训机构或企业承担培训任务的，采取整建制购买培训项目开展集中培训，培训任务完成后，将职业技能培训补助兑付给培训机构或企业。
	鼓励用人单位开展技能培训	依法参加失业保险 3 年以上、当年取得国家职业资格证书或职业技能等级证书的建档立卡贫困群众可申请职工技能提升补贴，补贴标准职业等级证书初、中、高级分别给予 1 000 元、1 500 元、2 000 元补贴。

（续）

渠道	政策内容	具体措施
技能培训	加大"两后生"培训力度	贫困家庭"两后生"到技工院校参加 1 个学期的职业技能培训且培训合格的，按照每人 6 000 元标准从就业补助资金中给予培训补助，培训期间学费、住宿费（含卧具）和实习材料费全免，同时再给予建档立卡贫困家庭中的"两后人"每人 3 000 元的扶贫助学补助。

资料来源：《中卫市市人民政府办公室关于切实做好就业扶贫工作的实施意见》。

（二）基本做到了精准性、 广覆盖性和融合性相统一

中国就业扶贫政策和实践具有精准、融合和发展的特点，并随着发展不断强大。一是贫困劳动力就业信息更加精准。依托农村贫困劳动力信息平台，各地建立了就业扶贫大数据平台，并实时动态更新，做到了就业扶贫底数清、服务准、效果佳。如：截至 2020 年 12 月底，贵州省贫困劳动力数据库覆盖了全省建档立卡和易地扶贫搬迁人员。二是就业扶贫服务人群广、规模大。国家脱贫攻坚普查公报（第三号）显示，建档立卡以来，有家庭成员享受过就业帮扶政策的建档立卡户 1 390.6 万户，占全部建档立卡户的 93.8%。其中，参加职业技能培训 929.5 万户，就读技工学校 47.6 万户，参加过招聘会或得到过政策咨询、职业指导、岗位信息推荐等就业服务 1 199.9 万户，享受过创业扶持 212.5 万户，在公益性岗位工作过 409.8 万户，在扶贫车间工作过 80.5 万户，享受过外出务工交通补贴 330.9 万户。三是就业扶贫与其他扶贫措施融合效果显著。产业扶贫带动就业扶贫实现新突破，如：江苏省沭阳县把花木电商产业作为"精准扶贫、精准脱贫"有力抓手，截至 2018 年底，各类花木从业人员约 25 万人，花木网店达 3.5 万家，带动 4.1 万低收入农户增收，带动 1.5 万低收入农户创业就业。易地扶贫搬迁将就业扶贫置于首要地位，截至 2022 年底，全国易地扶贫搬迁群众中有劳动力 503.91 万人，就业率达 94.46%，有劳动力的搬迁家庭基本实现了 1 人以上就业目标。生态保护扶贫与就业

扶贫相互促进，2018 年选聘建档立卡贫困人口生态护林员 50 多万名，2019 年又新增选聘 20 万名生态护林员、10 万名草管员，且生态公益性岗位补助标准高于脱贫标准。

二、中国就业扶贫政策实施成效

得益于构建的一整套的就业扶贫政策体系，制度化、精准化、常态化的就业扶贫工作机制，以及多渠道岗位开发、全方位就业服务、全覆盖技能培训的就业扶贫举措。脱贫攻坚 5 年期间，中国就业扶贫实施成效显著，为贫困地区和贫困人口实现稳定就业、增加收入、摆脱贫困提供了有力支撑，为全面脱贫贡献了重要力量。具体体现在以下几个方面：

（一）贫困劳动力务工规模和务工稳定性实现"双提升"，全面助力打赢了脱贫攻坚战

就业扶贫坚持外出务工与就地就近就业两条腿走路，实现了务工规模大幅增长和务工稳定性不断提升。一方面，依托东西部劳务协作、对口支援、省内帮扶等机制，强化有组织劳务输出服务，帮助有意愿外出务工的贫困劳动力愿出尽出。据统计，2016 年至 2020 年 10 月底，全国贫困劳动力外出务工人数从 1 527 万人增至 2 973 万人，增加 1 446 万人，外出务工规模扩大到约 1.9 倍；在贫困人口外出务工中，跨省务工的收入在贫困务工人员中是最高的，跨省务工贫困劳动力 2020 年比 2016 年增加了 400 多万人。其中，全国建档立卡贫困人口中，2019 年有 2 729 万贫困劳动力外出务工，其中跨省务工 1 006 万人，省内县外务工 490 万人，县内务工 1 233 万人。另一方面，加强扶贫车间、扶贫龙头企业等载体建设，鼓励返乡创业带动就业，开发乡村公益性岗位，拓展了就地就近就业机会，特别是为那些弱劳力和半劳力的贫困人口创造了就业机会。截至 2020 年 10

月底，全国累计建设扶贫车间 32 688 个，培育贫困村创业致富带头人 41 万多人，创办领办各类经营主体 21.4 万个，促进贫困劳动力家门口就业。扶贫车间吸纳贫困人口家门口就业 43.7 万人，创业致富带头人带动 406 万贫困人口增收，开发公益性岗位安置 496.3 万人。同时，外出务工稳定性也在不断提升，贫困劳动力外出务工时间在半年以上的比例大幅度增加。2016 年，全国贫困劳动力外出务工时间在半年以上的人数为 788.87 万人，2019 年增至 1 751.7 万人；务工时间在半年以上的贫困人口占比从 2016 年的 51.66％增长至 2019 年的 64.18％，提高了 12.52 个百分点（图 5-1）。

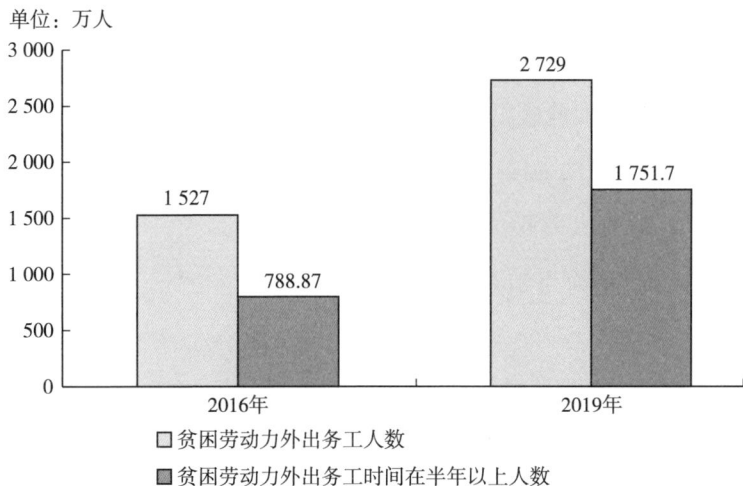

图 5-1　2016 年、2019 年贫困劳动力外出务工规模变化
数据来源：国务院扶贫办。

（二）贫困劳动力务工收入和在家庭收入中的比重逐年上升，显著增强了贫困群众获得感

务工是贫困人口增加收入最直接、最有效的途径，为打赢脱贫攻坚战提供了坚实的收入保障。一方面，贫困人口务工收入大幅提升，在家庭收入中的作用更加重要。截至 2020 年底，外出务工已经涉及了 2/3 的贫困家庭，这些家庭 2/3 左右的收入都是来自务工。2016 年至 2019 年，贫困

家庭平均务工年收入从 12 451 元持续增长至 26 544 元，增长约 113.2%。同时，贫困家庭务工收入在家庭收入占比中逐年上升。2016—2019 年，户均务工收入占比从 63.3% 上升到 68.8%，上升了 5.5 个百分点。另一方面，贫困地区低收入农户工资性收入快速增长，工资性收入占比要显著高于全国农村居民平均水平。2016 年至 2019 年，贫困地区低收入组农户工资性收入从 1 021 元增加到 1 630 元，增长了约 59.6%；贫困地区低收入组农户工资性收入占比从 42.7% 增加到 47.8%，增加了 5.1 个百分点，2019 年，贫困地区低收入组农户工资性收入占比比全国农村居民工资性收入占比高出 6.71 个百分点（图 5-2）。同时，贫困地区低收入家庭与其他收入组的务工收入显著有效缩小，显著提高了贫困人口收入获得感。2016—2019 年，贫困地区低收入组农户与全国农村居民的工资性收入比从约 4.83 下降到了约 4.04。工资性收入的绝对收入差距增长速度在放缓，2016 年绝对收入差距的增长率约为 10.35%；2018 年达到最低，约为 4.55%；2019 年约为 8.55%。

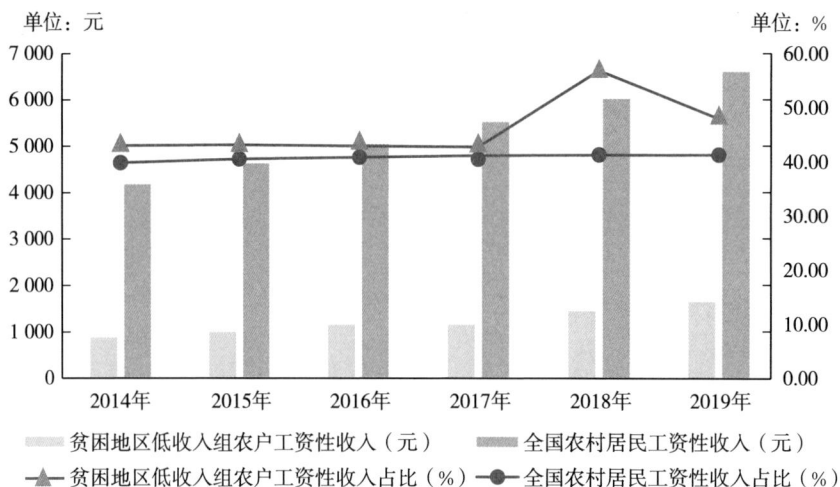

图 5-2　贫困地区低收入组农户与全国农村居民工资性收入及其占比的比较

数据来源：国家统计局住户调查办公室。《中国农村贫困监测报告》（2015—2020 年），中国统计出版社。

（三）贫困劳动力素质技能显著提高，内生动力得到全面激发，有效夯实了稳定脱贫基础

就业扶贫与扶志扶智有机结合，有效推动了务工人员技能增加、整体素质提高、思想观念和精神面貌改变，从而实现稳定脱贫。一方面，坚持针对性技能培训，有效增加了务工人员技能、提高了整体素质。贫困地区围绕"教育培训一人，就业脱贫一户"的目标大力开展职业技能培训，重点对有外出务工意愿的贫困劳动力广泛开展岗前培训，提高就业技能；对已经务工的贫困劳动力，加大在岗培训；对贫困家庭新成长的劳动力，让他们接受职业教育，有效提升了就业创业能力。截至 2020 年 10 月底，累计 2 000 多万贫困劳动力接受实用技术培训，70％以上的脱贫户接受了生产指导和技术培训；组织贫困劳动力参加政府补贴性培训 838 万人次，贫困家庭中有 1 人次以上参加过职业技能培训的占 61％，累计培养各类产业致富带头人 90 多万人，技工院校累计招收建档立卡贫困家庭子女 34 万人。另一方面，激发了内生动力，实现了"要我脱贫"向"我要脱贫"的思想转变。扶贫要先扶志，就业是最好的扶志扶智的方式。就业扶贫通过专业的知识和技能培训提高贫困人员就业能力；通过提供就业岗位，激发了脱贫的能动性、积极性和主动性，有效提高了贫困人口的思想意识。近年来，有大批贫困人口外出务工，在依靠自己的双手增加收入的同时，开阔了眼界，解放了思想，摆脱了思想依赖。就业扶贫近年来也改变了过去一部分贫困群众听天由命、消极无为、安于现状的状况，使他们实现了"要我脱贫"向"我要脱贫"的思想转变，从根本上激发了他们的内生动力。

◎ 第六章　中国就业扶贫实践经验及启示

就业扶贫作为最直接最有效并能激活贫困人口内生动力的脱贫方式，在中国脱贫攻坚的伟大成就和艰难历程中，发挥了重要作用。回顾中国就业扶贫尤其是党的十八大以来的实践历程，中国积累了许多经过实践检验的宝贵经验。这些实践经验不但能为中国巩固拓展脱贫攻坚成果同乡村振兴有效衔接、开启全面建设社会主义现代化国家新征程提供有力支撑；而且能为其他国家和地区就业减贫提供借鉴，为全球减贫事业贡献中国智慧与中国方案。

一、中国经验

总的来说，中国就业扶贫经验启示主要有三点：一是定位准。不同阶段的中国就业扶贫政策设计，都切合了理论逻辑和现实需要，具有坚实的理论支撑，更符合经济结构转型、劳动力市场变化和贫困动态变化等复杂多变的现实需要，这是实践能取得成功的前期基础。二是站位高。坚持发挥党的政治优势和中国特色社会主义的制度优势，立足根本点，强化顶层设计，统筹推进，凝心聚力，上下拧成"一股绳"，形成"大合唱"之势，这是中国就业扶贫成功的根本保障，更是首要经验。三是措施实。坚持问题导向，坚持持续深化创新，找准关键点，构筑精准就业扶贫服务网络，抓好就业扶贫考核体系，形成就业扶贫政策落实落细的"四梁八柱"支撑，拿出狠劲、韧劲、实劲，下足绣花功夫，持之以恒抓深化提升，这是中国就业扶贫成功的关键手段，更是必不可少的条件。

（一）定位准，契合理论逻辑和时代需要

1. 中国就业扶贫继承和发展了传统以工代赈思想，坚持把切实保障人民生存权和发展权置于首位

以工代赈思想和实践历经了两千多年的丰富和拓展，是中国就业扶贫举措的重要组成部分。历史上，面对遭遇重大自然灾害时，面临灾民流离失所、饿殍遍野的状况，中国政府通常采用钱粮赈济、以工代赈等方式赈济灾民。与钱粮赈济等消极的"输血式"赈济方式相比，以工代赈要求受赈济者通过付出劳动（如兴修农田水利工程、修建公路、兴办实业等）来获得赈济，是更积极有效的"造血式"赈济方式。20 世纪 80 年代以来，以工代赈不断创新发展，更多的是作为一种扶贫措施，目的在于强化贫困地区基础设施和公共服务，并为贫困劳动者创造就业和收入，以缓解和消除贫穷。

中国就业扶贫实践反映了古代以工代赈生产自救和发展生产相统一、扶贫与扶志相促进、政府与民间力量相结合等思想。将就业扶贫与扶志扶智、改善贫困村生产生活条件相融合，切实保障人民的生存权和发展权，是中国就业扶贫思想的重要体现。如：利用贫困地区农村富余劳动力，实施以工代赈加快贫困地区水利工程、能源、交通等基础设施建设，既直接保障贫困人口生存权、改善贫困地区发展环境，又间接培训贫困劳动力劳动技能、提升自我发展能力；实施易地扶贫搬迁解决居住在"一方水土养不好一方人"地区贫困人口的生存问题，通过扎实做好就业工作使贫困人口移得出、稳得住、住得下去，解决易地搬迁贫困人口发展权问题；围绕企业用工需求和贫困人口就业需要，组织贫困家庭劳动力参加岗前培训、订单培训和岗位技能提升培训，保障新成长劳动力的发展权。

2. 中国就业扶贫是相对人口过剩理论的具体实践，遵循农村富余劳动力稳步、有序、合理转移的发展方向

农村劳动力供给过剩是贫困产生的根源，促进转移是最直接最有效的脱贫方式。马克思主义相对过剩人口理论认为，不同的社会生产方式，有不同的人口增长规律和过剩人口增长规律；同时认为过剩人口同赤贫是一回事。而对于如何解决过剩人口，恩格斯提出，工业的迅速发展产生了对人手的需要；也同时提出工业的迅速发展可以提高工人工资，这使工人成群结队地从农业地区涌入城市。城市工业的发展可以吸引农村人口进城就业，有效缓解农村贫困，但是彻底摆脱贫困则需要城乡间、工业和农业间融合发展。

促进贫困劳动力外出务工是中国就业扶贫的重点方向，是对马克思主义相对过剩人口理论和人口城市化理论的具体应用。在推动农村富余劳动力转移、解决贫困过程中，中国始终遵循稳步、有序、合理的发展方向。改革开放初期，为解决家庭联产承包责任制释放出来的大量富余劳动力，开始打破限制，许可农村居民长途贩运农产品、自带口粮到城镇就业。但当时工业部门无法提供充裕就业岗位，为防止大量涌入带来的城市在交通运输、社会治安、劳动力市场管理等方面的不适应，政策主线是控制盲目流动。1992 年邓小平同志南方谈话和党的十四大带来了东部沿海地区城市开发及经济建设高潮，产生了对农村劳动力的强烈需求，对农村劳动力的流动政策逐渐从承认流动、接受流动到鼓励流动变化，并采取措施引导其有序流动。加入 WTO 后，沿海出口型制造业部门迅速崛起，农村劳动力转移速度达到历史峰值；但户籍制度以及附着其上的公共服务权利，严重削弱了农村劳动力在流入地的福利，并引发了日益严峻的社会问题，"流动、公平和融合"成为该阶段的政策落脚点。2011 年之后，城镇化和工业化速度逐渐放缓，外出转移速度随之减缓，就地就近创业就业的地位快速提高，就业扶贫政策也随之进入统筹外出就业和就地就近创业阶段，大力支持农民工等主体返乡创业就业，并以培训为依托，拓宽外出转移就业渠道和提升就业质量①。

（二）站位高，发挥制度优势，形成"大就业扶贫"格局

1. 依靠政府力量，高位推动，是就业扶贫顺利实施的根本保障

始终坚持中国共产党的集中统一领导，这确保了就业扶贫的正确方向。中国共产党一直将"消除贫困、改善民生、逐步实现共同富裕"作为重要使命，高度重视就业扶贫工作。在中国特色就业扶贫思想指导下，把握就业扶贫规律，形成适合中国国情的就业扶贫政策体系，确保中国就业扶贫实践不脱离实际，保持正确的方向，产生巨大的脱贫效应。尤其是党的十八大以来，中国就业扶贫遇到前所未有的难题和挑战，更是把就业扶贫作为打赢脱贫攻坚战的重大举措和关键支撑来安排部署。

从顶层设计入手，高位推动，为推动就业扶贫政策与实践相辅相成提供了根本遵循。党中央及国家相关部委出台了一系列政策文件，既有明确就业扶贫方向、重要内容和途径的综合性文件，如《中共中央 国务院关于打赢脱贫攻坚战的决定》《中共中央 国务院关于打赢脱贫攻坚战三年行动的指导意见》；也有中央各部门针对具体就业扶贫措施（如：易地扶贫搬迁就业帮扶、贫困家庭高校毕业生就业帮扶等）的专门性文件；还有地方出台的就业扶贫的具体实施方案，如：江苏省 2018 年的《建设特色化就业扶贫示范区实施方案》、天津市《就业扶贫劳务协作三年（2018—2020 年）实施方案》、江西省《江西省 2015—2018 就业精准扶贫三年实施计划》等。不管是从国家制度层级安排上，还是从地方政府落实安排部署看，我国对就业扶贫的重视程度，在世界上都独树一帜，这是就业扶贫政策落地的前提。

2. 汇聚各方力量，并将就业扶贫与其他扶贫相融合，是"大就业扶

---

① 谢玲红，2021."十四五"时期农村劳动力就业：形势展望、结构预测和对策思路［J］. 农业经济问题（3）：28－39.

贫"格局形成的关键

形成了跨地区、跨部门、跨单位、全社会共同参与的多元主体协同推进格局。中国发挥集中力量办大事的社会主义制度优势,广泛动员全党全国各族人民以及社会各方面力量形成就业扶贫强大合力,探索形成了政府、市场和社会力量参与程度和政策工具各异的发展模式。如,扶贫车间吸纳措施具有典型的政企合作特点:或是东西部政府牵线,吸引省内龙头企业或东部经济效益稳定的企业到资源丰富的欠发达地区建立加工厂;或是贫困县政府以财政补贴形式引导创业企业建设扶贫车间,并按企业吸纳贫困劳动力就业能力为其提供不同程度的土地优惠政策、生产补助或创业担保贷款优惠;或是贫困县政府投资建设扶贫车间,企业提供技术、人才、信息支持,招收贫困劳动力进厂务工。

案例 6-1:

广西壮族自治区凤山县:　多元主体协同推进的"1+3"就业扶贫实践①

脱贫攻坚期间,广西壮族自治区凤山县贫困劳动力就业动力不足、家庭生活方式和就业观念相对滞后,造成了贫困劳动力"出不来、干不了、稳不住、过不好"的就业困境。为此,该县坚持问题导向,按照"政府牵头、社会参与、机构营运"原则,对口帮扶的广东省龙华区与广西壮族自治区东兰县、凤山县携手共建"就业+"平台,引进专业队伍,联动两地多元力量,构建起了"1+3"的就业扶贫体系。

"1"即"就业第一站"。龙华区将龙华街道公益职介中心升级改造为以户籍居民和来龙华劳动者为服务对象,集日常咨询、职介推荐、公益培训、互助交流等于一体的就业服务便民驿站空间,为来龙华就业的

---

① 案例来源:广西壮族自治区民族宗教事务委员会网站,凤山"三嵌并进"铺就各族共富路,案例改编 http://mzw.gxzf.gov.cn/gzyw/sxxx/t19650471.shtml。

建档立卡人员提供输入地接驳、就业跟踪等一条龙服务。

"3"即3大各具特色的就业服务点。一是"龙凤就业＋"就业促进中心。是全国首个驻点就业帮扶服务项目，由深圳市龙华区人力资源和社会保障局提供运营资金，由深圳市新现代社工服务中心营运，主要侧重就业思想塑造和引导，发掘榜样人物，传递就业正能量，增强劳动力脱贫信心。二是"龙凤就业＋"老乡家园职介服务点。由龙华区与东兰县、凤山县的人力资源机构承接运营，主要侧重职介测评、职业策划、职介服务、人员输送，并在易地扶贫搬迁安置点开设分驻点窗口，组织不同主题的招聘活动。三是东兰培训基地。由深圳远东职业技能培训学校承接运营，主要侧重技能培训、技术提升，对因残致贫和因病致贫人员开展基础技术技能培训，对有培训需求就业创业人员开展实用性强的美容、美甲及办公软件等初级技术技能培训，对"两后生"为主的新生劳动力，开展形象设计、程序设计及工业机器人等高端技术技能培训。

"1＋3"就业扶贫体系是多元主体协同推进就业扶贫的生动实现。通过打造"服务提供平台、县就业促进平台和能力建设平台"这三类平台，实现"四大共建"，即龙华区与东兰县、凤山县两地政府开展服务属地共建；上述三类平台与人力资源机构开展场地改造共建；上述三类平台与人力资源相关主管部门、社会组织和企业等开展能力提升共建；上述三类平台与社工机构开展运营管理共建。

将就业扶贫与其他扶贫相融合，形成了互融互促发展格局。将就业扶贫融入产业发展扶贫、易地扶贫搬迁、教育扶贫、生态保护扶贫、东西部扶贫协作等工作中统筹考虑，迸发出乘数效应。在产业扶贫中，实施新型经营主体培育、高素质农民培育、农村实用人才带头人培训、致富带头人培训、农民手机应用技能培训等贫困地区培训工程；在易地搬迁脱贫中，集中安置区（点）开发设立卫生保洁、水暖、电力维修等岗位，鼓励工矿企业、农业龙头企业优先聘用建档立卡搬迁人员；在教育扶贫中，国家中等职业教育改革发展示范学校和国家重点中职学校选择就业前景好的专业针对建档立卡贫困家庭子女单列招生计划，支持建档立卡贫困家庭初中毕业生到省外经济较发达地区接受中职教育；在生态扶贫中，支持贫困县以政府购买服务或设立生态公益性岗位方式，让贫困户中有劳动能力人员参加生态管护工作等。

（三）措施实，聚焦关键环节，创新政策落地落细工作方法

1. 聚焦精准性，多措并举密织就业服务网

把好精准识别关，是就业扶贫工作的前期基础。《人力资源社会保障部　财政部　国务院扶贫办关于切实做好就业扶贫工作的指导意见》文件中，要求各地扶贫部门要多渠道开展摸查贫困劳动力就业失业基础信息工作。各地依托农村贫困劳动力信息平台，充分发挥行政村第一书记、驻村工作队作用，通过上门走访、电话联系、数据比对等方式开展调查摸底，了解未就业贫困劳动力的就业意愿和就业服务需求，形成"就业需求清单"。同时，深入企业摸排用工需求、岗位供给等，形成"岗位供给清单"，并实时进行数据动态更新，实行有进有出、逐月更新、动态管理，确保不漏一户、不漏一人，为"精准滴灌"、避免就业供需不匹配问题奠定了良好基础。

把好精准服务关，才能做到精准就业、精准脱贫。通过建台账、搭平台、扩范围、优服务，使有限的劳动力市场需求资源发挥最大扶贫脱贫效用。建立就业帮扶台账、工作台账、督查通报台账，做到了贫困劳动力人数、就业帮扶意愿、就业帮扶需求清，帮扶政策享受、帮扶工作情况明；广泛开展春风行动、就业扶贫行动日、"百日千万网络招聘"等专项活动，实现了精准对接；构建了既包括职业介绍、培训、指导等就业前服务，还

包括工资支付、社保缴费、职业健康教育和保护等就业后权益维护的全程服务体系；开发"互联网＋就业＋扶贫"平台，优化了服务方式，提高了就业服务效率。

案例 6－2：

贵州省雷山县： 抓实有组织返岗就业服务①

贵州省雷山县统筹动员县、乡、村三级力量，全力以赴抓牢抓实有组织返岗就业服务工作，切实提升劳务输出组织化，助力群众返岗就业稳增收。

"三级联动"抓输出。强化领导推动、科学调度，形成县、乡、村三级齐抓共促良好工作格局。主动对接广东省佛山市、顺德市等东部各劳动密集型用工企业需求，组织劳务派遣机构通过"点对点"集中有组织地输送群众到省外实现就业，开通免费直通车帮助外出务工群众安全有序返岗。

"四张清单"摸底数。聚焦县外返乡劳动力、脱贫劳动力、易地搬迁劳动力等重点人群，以村（社区）为单位、村民小组、楼栋为基础，发动驻村工作队、帮扶干部、乡村干部、就业信息员等人员力量，全面摸清辖区内劳动力基本信息、就业状态、返乡情况、返岗情况、外出方式、务工地点、培训意愿等情况，动态形成"农村劳动力清单、节前返乡人员清单、节后务工计划清单和节后返岗外出清单"四张清单。

"五项活动"强服务。开展"走访慰问""返乡人才座谈会""发一封信""岗位推荐""专场招聘会"五项就业服务活动。向群众发出《要务工，到佛山；要致富，去顺德！》一封公开信，宣传东西部劳务协作优惠政策和节后输出服务，通过政府网站、微信公众号、各类老乡群、村村通广播和印制"信件"等方式，发动雷山农村劳动力外出务工。

---

① 案例来源：人民网，雷山："东西"部协作发力 护航返岗就业稳增收，案例改编 http：//gz. people. com. cn/n2/2023/0324/c383886－40350692. html。

2. 聚焦稳定性，构建了高标准考核体系和严要求资金使用管理办法

将就业扶贫考核贯穿于脱贫攻坚各项工作考核中，保证了就业扶贫稳定性。在贫困县退出专项评估检查和贫困县退出抽查中，专门设置有关易地扶贫搬迁就业帮扶、就业培训、外出务工、本地就业（包括公益性岗位、扶贫车间工人）等就业扶贫数量指标和帮扶成效指标等；在省级党委和政府扶贫开发工作成效考核中，将贫困劳动力就业规模作为年度脱贫攻坚成效考核的重要内容；在东西部扶贫协作考核中，对东部、西部地区设置不同就业扶贫考核内容，东部地区设置"带动贫困人口脱贫数""开展贫困人口就业培训数""开展就业服务提供就业岗位数""贫困人口就业脱贫数"等考核指标，西部地区设置"带动贫困人口脱贫数""提供贫困人口就业意愿和信息数""提供就业服务数""开展职业培训数""帮助贫困人口就业脱贫数"等考核指标。

加强就业扶贫资金使用管理，确保了资金效能最大限度发挥。在《财政专项扶贫资金管理办法》《中央财政衔接推进乡村振兴补助资金管理办法》《就业补助资金管理办法》的总要求下，部分地区制定了专门的就业扶贫资金使用管理办法，对就业扶贫资金来源、支出范围、标准、拨付流程，以及申请和使用程序等进行了明确规定；部分地区对具体就业扶贫举措的资金支持印发了管理办法，如安徽省淮北市相山区曲阳街道办事处发布《就业扶贫驿站认定、补助、资金管理办法》，大大提高了就业扶贫资金使用效率和透明度。

二、对发展中国家的启示

基于中国就业扶贫经验，凝练对发展中国家的启示，为各国探寻符合本国国情、根植本国文化的减贫之道提供可能的借鉴，帮助发展中国家加强扶贫开发能力建设。

（一）注重制度统筹

党的十八大以来的就业扶贫，在以习近平同志为核心的党中央集中统一领导下，中国形成了人力资源和社会保障部及国务院扶贫办牵头，统筹协调财政部、教育部、国家发展和改革委员会、农业农村部等相关部门，将相关部门掌握的资源和物质整合到一起，有效发挥了部门合力，充分体现了政府资金投入效益，取得很好效果。其他发展中国家可参照中国经验，进一步密切部门协作，明确职责任务，充分利用全国和地方政府建立的协调机制，探索各种跨部门的协同协作形式，形成就业扶贫社会合力。同时，要按照整体规划、全面推进的思路，综合构建包括政策扶持、服务推进、培训支撑、权益维护等在内的就业扶贫制度体系，实现各项制度之间的有效衔接和协调发展。

（二）注重分类施策

中国就业扶贫中，始终坚持分类施策基本原则，根据帮扶对象的个体特征和致贫根源，探索形成了针对不同群体的就业扶贫模式。例如：针对遭遇突发变故失去家庭生计来源的贫困人口，无法从事重体力的弱劳力、半劳力，如残疾人、长期患病者、中老年人，以及有照料家庭需要无法离乡务工的人员，开发了公益托底安置模式；对于能够通过技能培训提升的群体，采取政府定向输送模式等。同时，在培训方面，做到按需施训、因人施训，有效提高了就业扶贫成效。发展中国家应借鉴这一做法，根据贫困产生原因、贫困程度、群体差别，采取不同的就业扶贫模式，实施不同的就业扶贫支持政策。

（三）注重信息共享

中国在中央层面借助国务院扶贫办的贫困人口信息系统，开发建设农村贫困劳动力就业信息平台，实现就业扶贫对象的信息化比对、信息化共享，做到贫困劳动力就业失业的动态监测；同时，各地开发适宜本地的就业扶贫大数据平台，全面把握本地区就业扶贫工作进展和成效。中国以信息化为依托的就业扶贫工作方法，非常值得发展中国家参考借鉴。在发展中国家，也可逐步建立困难群众基本信息数据库，实现贫困人口就业供需相关信息的互联互通，形成纵向贯通、横向互联的就业扶贫信息共享机制，为政府决策、数据查询和动态管理提供依据。

（四）注重发展理念

中国就业扶贫始终以人民为中心，坚持发展理念，保障人民生存权和发展权，注重提升困难群众自我发展能力，促进困难群众积极参与、融入社会，通过教育和培训，使他们获得长久性的就业创业能力；通过持续改进贫困人口的生产技能，提高贫困人口的社会参与能力。发展中国家可以借鉴这一理念，在保障贫困人口生存权的基础上，更加注重其发展权，促进人的全面发展。

参 考 文 献

蔡小慎，王雪岚，王淑君，2021. 可持续生计视角下我国就业扶贫模式及接续推进乡村振兴对策 [J]. 学习与实践 (5)：30 - 41.

国家统计局住户调查办公室，2016—2021.《中国农村贫困监测报告（2015—2020)》[R]. 北京：中国统计出版社.

黄锐，周坤，2019. 我国就业扶贫政策工具偏好及优化建议：基于中央政策文本（1996—2018) 的分析 [J]. 中国农村研究 (2)：49 - 65.

平卫英，罗良清，张波，2020. 就业扶贫、增收效应与异质性分析：基于四川秦巴山区与藏区调研数据 [J]. 数量经济技术经济研究，37 (7)：155 - 174.

平卫英，罗良清，张波，2021. 我国就业扶贫的现实基础、理论逻辑与实践经验 [J]. 管理世界，37 (7)：32 - 43，3.

孙仲权，2019. 就业扶贫在精准扶贫中的作用分析 [J]. 人才资源开发 (2)：29 - 30.

王铮，范海燕，许书月，2020. 精准就业扶贫与劳动技能提升研究 [J]. 中国商论 (1)：251 - 252.

谢玲红，2021. "十四五"时期农村劳动力就业：形势展望、结构预测和对策思路 [J]. 农业经济问题 (3)：28 - 39.

谢玲红，吕开宇，2020. "十四五"时期农村劳动力转移就业的五大问题 [J]. 经济学家 (10)：56 - 64.

谢玉梅，丁凤霞，2019. 基于贫困脆弱性视角下的就业扶贫影响效应研究 [J]. 上海财经大学学报，21 (3)：18 - 32.

元林君，2018. 我国就业扶贫的实践成效、存在问题及对策探析 [J]. 现代管理科学 (9)：109 - 111.

张丽宾，2019. 完善就业扶贫政策思路 [J]. 山东人力资源和社会保障 (5)：34 - 36.

图书在版编目（CIP）数据

中国就业扶贫政策与实践 / 中国国际减贫中心编著. 北京：中国农业出版社，2025.3. -- （中国减贫与发展经验国际分享系列）. -- ISBN 978-7-109-32660-6

Ⅰ. F126

中国国家版本馆 CIP 数据核字第 2024PL9914 号

中国就业扶贫政策与实践

ZHONGGUO JIUYE FUPIN ZHENGCE YU SHIJIAN

中国农业出版社出版

地址：北京市朝阳区麦子店街 18 号楼

邮编：100125

责任编辑：郑　君　　文字编辑：李　雯

版式设计：杨　婧　　责任校对：吴丽婷

印刷：中农印务有限公司

版次：2025 年 3 月第 1 版

印次：2025 年 3 月北京第 1 次印刷

发行：新华书店北京发行所

开本：700mm×1000mm　1/16

印张：6

字数：84 千字

定价：68.00 元